潘鸿生◎编著

一分钟
打动人心的
销售口才

北京工业大学出版社

图书在版编目（CIP）数据

一分钟打动人心的销售口才 / 潘鸿生编著. —北京：北京工业大学出版社，2017.10（2022.3 重印）
ISBN 978-7-5639-5541-1

Ⅰ. ①一… Ⅱ. ①潘… Ⅲ. ①销售－口才学 Ⅳ. ① F713.3 ② H019

中国版本图书馆 CIP 数据核字 (2017) 第 204805 号

一分钟打动人心的销售口才

编　　著：	潘鸿生
责任编辑：	钱子亮
封面设计：	胡椒书衣
出版发行：	北京工业大学出版社
	（北京市朝阳区平乐园 100 号　邮编：100124）
	010-67391722（传真）　bgdcbs@sina.com
经销单位：	全国各地新华书店
承印单位：	唐山市铭诚印刷有限公司
开　　本：	787 毫米 ×1092 毫米　1/16
印　　张：	14
字　　数：	210 千字
版　　次：	2017 年 10 月第 1 版
印　　次：	2022 年 3 月第 2 次印刷
标准书号：	ISBN 978-7-5639-5541-1
定　　价：	39.80 元

版权所有　翻印必究
（如发现印装质量问题，请寄本社发行部调换　010-67391106）

前　言

　　销售是一门沟通的艺术，而口才是销售人员梦想成功的基石。俗话说："买卖不成话不到，话语一到卖三俏。"美国的"超级推销大王"弗兰克·贝特格总结30年推销生涯的经验，得出"交易的成功，往往是口才的产物"的结论。世界一流销售大师金克拉也说过："说话的艺术很重要。它可以使事情改变，可以使客户自己说服自己。"因此，人们不得不承认这样的一个事实：对于销售人员来说，哪里有声音，哪里就有了力量；哪里有口才，哪里也就吹响了战斗的号角，进而也就有了成功的希望。

　　无数事实证明，不会说话就不会做销售，没有好口才就干不好销售。销售是靠嘴吃饭的行业，好业绩都是"说"出来的，销售人员的口才如何，直接关系到业绩的好坏。一名出色的销售人员最大的本领就是具有出色的说话能力。

　　说话在销售中起着巨大的作用，想成为一位优秀的销售人员，不会说话是不行的。好口才可以吸引客户的注意力；好口才可以让你自如地与客

户进行交谈；好口才可以激发客户的兴趣，刺激对方的购买欲望；好口才可以消除客户的疑虑，赢得对方的信任；好口才可以将相关信息有效地传递给客户；好口才能够缓和销售活动的气氛；好口才能让你摆脱销售中的沟通困境；好口才可以让你掌握洽谈的主动权；好口才可以变被动为主动，扭转局面；好口才可以帮你有效实施推销策略，完成交易；好口才也有助于赢得更多的客户……可以毫不夸张地说，销售的成功在很大程度上可以归结为销售人员对口才的合理运用与发挥。因此，销售人员需要具备一流的口才技巧。

成功靠腿，销售靠嘴。销售能否成功直接取决于销售人员的口才技巧，销售人员要想让客户接受你的意见，顺利达成交易，就要在销售用语上多花费一些心思。本书全方位介绍了销售中口才技巧，同时提供了大量贴近销售实际的案例，让读者轻轻松松地掌握销售的口才技巧。不论你是江湖老手，还是市场新兵，不论你推销的是什么样的产品，本书都可以让你一看就懂，一学就会，一用就灵，真正做到方便实用。阅读本书，你可以更好地进行销售工作、提高销售业绩，继而在现有岗位或未来的岗位上做出一番成就。

目 录

第一章 练好销售口才，说出好的业绩

货卖一张嘴，全凭舌上功 …………………………… 003

底气十足，用自信的态度与客户交流 ………………… 006

善用肢体语言，增强沟通效果 ………………………… 010

练好金口才，业绩自然来 ……………………………… 012

用嘴拿订单，好口才是销售的敲门砖 ………………… 015

第二章 三言两语巧开场，接近客户零距离

开口有道，来个漂亮的开场白 ………………………… 021

谈论对方感兴趣的话题 ………………………………… 024

一开口就激发出客户的好奇心 ………………………… 028

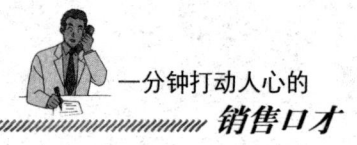

拉拉家常，说点客套话 ………………………………… 031

销售人员常用的经典开场白 ……………………………… 035

第三章　与其滔滔不绝，不如用真诚打动客户的心

记住客户的名字，赢得对方的好感 ……………………… 039

没有热情，再多的语言也显得苍白无力 ………………… 041

以诚待人，用真诚的言语打动客户 ……………………… 046

主动承认过失，将客户的错误揽过来 …………………… 049

让客户觉得你所说的话是为他着想 ……………………… 052

第四章　找准赞美点，把话说到客户心坎上

真诚的赞美架起销售的桥梁 ……………………………… 059

找准赞美切入点，客户自然露笑脸 ……………………… 063

别让不恰当的赞美毁了你的生意 ………………………… 066

赞美客户要把握原则和分寸 ……………………………… 069

找到客户身上的闪光点 …………………………………… 073

目 录

第五章　推介产品，要善于给产品打广告

寻找产品卖点，用卖点征服客户 079
为客户描绘一个美好的画面 083
让客户亲身体验产品特质 086
让不专业的客户听懂专业的介绍 090
突出产品的优势，淡化产品的劣势 093

第六章　问对问题，在提问中抓住客户的需求

正确提问，把握客户的需求 099
掌握有效的提问技巧 103
掌握引导对方说"是"的提问技巧 106
通过提问，打开客户的话匣子 110
销售中最常见的9种提问方式 113

第七章　说服要到位，让客户无法拒绝你

巧用暗示说服客户 119

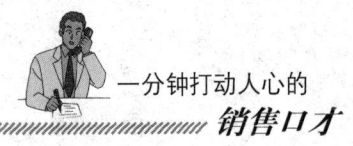

利用权威效应，让客户对你信任有加 …………………… 122

巧用数字，让客户自己说服自己 ………………………… 125

对症下药，说服不同性格的客户 ………………………… 129

用讲故事的方式打动客户 ………………………………… 132

第八章　嫌货才是买货人，轻松化解客户的异议

化解客户的异议，赢得客户的信任 ……………………… 139

巧妙施压，让销售由被动变主动 ………………………… 143

用反驳法应对客户的异议 ………………………………… 145

以问代答，巧妙提问化解异议 …………………………… 148

处理客户异议的常用方法 ………………………………… 151

第九章　成交才是硬道理，该出手时就出手

巧用激将法，让客户主动成交 …………………………… 157

欲擒故纵，让客户急于下单 ……………………………… 160

利用从众心理，促使客户做出购买决定 ………………… 164

"登门槛"效应：循序渐进，得寸进尺 …………………… 168

目 录

假设成交法：假设可以成交就真的可以成交 171

第十章 报价议价，让客户心甘情愿达成交易

开出高位价格，给谈判预留空间 177
价格谈判不可过早让步 179
多谈产品价值，少谈产品价格 182
拒绝客户不合理的价格要求 186
化解价格异议，申明"一分价钱一分货" 189

第十一章 电话打出去，订单飞进来

一线万金，电话沟通拿订单 195
跳过障碍，直接与目标客户通话 199
开场白是成功的敲门砖 202
掌握电话销售的沟通技巧 205
应对客户电话抱怨的沟通技巧 209

第一章
练好销售口才,说出好的业绩

第一章 练好销售口才，说出好的业绩

货卖一张嘴，全凭舌上功

我国古代著名的文学理论家刘勰这样评价口才的重要性："一言之辩，重于九鼎之宝；三寸之舌，强于百万之师。"由此可见，口才具有何等强大的威力！对于渴望成功的销售人员来说，口才也无疑是极为重要的销售法宝，因为成功的销售来自一流的口才。美国的"超级推销大王"弗兰克·贝特格通过对30年推销生涯的总结得出"交易的成功，往往是口才的产物"的结论。因此，人们不得不承认这样的一个事实：对于销售人员来说，哪里有声音，哪里就有了力量；哪里有口才，哪里也就吹响了战斗的号角，进而也就有了成功的希望。

一名销售人员一旦具备了一流的口才，就能够顺利地发展客户；就能够争取到向对方推销的机会；就能够在极短的时间里迅速地吸引客户的注意力，引起对方的兴趣，从而打开销售工作的局面；就能够一步一步地激起客户的购买欲望，并最终说服对方做出购买决定。口才的影响力将会伴随着销售工作的整个过程，而销售口才的好坏，则会在销售工作的每一个环节上得以证实。因此，可以毫不夸张地说，销售的成功在很大程度上可以归结为销售人员对口才技巧的合理运用与发挥。

英斯劳特是美国阿拉斯加州一家食品厂的老板，也是一个众多保险推销员认为"很难对付"的老头。然而，推销员巴斯图尔克却通过自己出众的口才，成功地向英斯劳特推销了自己所在公司有史以来最大的一

笔保单。那么，巴斯图尔克都说了些什么呢？请看两人的对话。

巴斯图尔克："英斯劳特先生，您是否可以给我一点时间，为您讲一讲人寿保险呢？"

英斯劳特："我很忙，哪有时间跟你闲谈。再说了，跟我谈寿险也是在浪费你的时间。你都看到了，我现在已经63岁啦，好几年前我就已经不再买保险了。如今，我的儿女都已经长大成人，能够好好地照顾自己，即便我有什么不测，他们也有钱过舒适的生活。"

换了别的推销员，英斯劳特的这番合情合理的话，足以让其心灰意懒，但巴斯图尔克可不会那么容易死心，他继续说："英斯劳特先生，像您这样成功的人，在事业和家庭之外，肯定还有些别的兴趣，比如对慈善事业的资助。您是否想过，在您百年之后，它们也许就无法正常运转了？"

看到英斯劳特没有说话，巴斯图尔克意识到自己的话说到点子上了，于是他趁热打铁地说下去："英斯劳特先生，购买我们的寿险，无论您是否健在，您资助的事业都会继续维持下去。7年之后，假如您还在世的话，您每月将收到5000美元的支票，直到您去世。如果您用不着，您还可以用它来维持您的慈善事业。"

听了巴斯图尔克的这一番话，英斯劳特的眼睛忽然变得炯炯有神。很快，他便说："你说的听上去很不错，现在我正资助着三名传教士，这件事对我很重要。你刚才说如果我买了保险，那三名传教士在我死后仍能得到资助，对吗？如果是真的，那我总共要花多少钱呢？"巴斯图尔克马上把投保的详细资料给了这位老人。最终，英斯劳特购买了这份寿险。而且，在接下来的几年里，英斯劳特还为巴斯图尔克介绍了不少客户。

通常，人们买保险是为了让自己和家人的生活有保障，而巴斯图尔克通过出色的口才，终于让英斯劳特意识到自己的另一种强烈需要——资助慈善事

第一章 练好销售口才，说出好的业绩

业。当巴斯图尔克帮助英斯劳特找到了这一深藏未露的需要之后，通过购买寿险来满足这一需要，对英斯劳特而言就成了主动而非被动的事了。所以，货卖一张嘴，全凭舌上功。想要轻松拿到订单，就要有良好的销售口才。

美国新泽西州的一对老夫妇准备卖掉他们的房子，他们委托一家房地产经纪公司承销。这家经纪公司为这栋房子在报纸上刊登了一个广告，广告的内容很简短："出售住宅一套，有6个房间，壁炉、车库、浴室一应俱全，交通十分方便。"

但是，广告刊出一个多月后仍然无人问津。无奈之下，那对老夫妇只好又登了一次广告，这次他们亲自撰写了广告词："住在这栋房子里，我们感到非常幸福。只是由于两个卧室不够用，我们才决定搬家。如果您喜欢在春天呼吸湿润新鲜的空气，如果您喜欢夏天庭院里绿树成荫，如果您喜欢在秋天一边欣赏音乐一边透过宽敞的落地窗极目远眺，如果您喜欢在冬天的傍晚全家人守着温暖的壁炉喝咖啡，那么请您购买我们的这栋房子，我们也只想把房子卖给这样的人。"

结果，这则广告刊出还不到一个星期，房子就卖出去了。

这对老夫妇最终成功地推销了他们的老房子，发生这种逆转的关键在于他们那更富煽动性、更具吸引力的推销语言。他们的推销语言中不仅含有商品的信息，同时也运用了更具艺术性的语言将相关信息表述得更加新颖、更有针对性，从而增强信息刺激的力度，加速了客户将购买意图转化为购买行为的进程。

无数的成功销售实践一再证明，拥有良好的口才，是促使销售成功的一个关键前提，它完全能够使已经陷入僵局的销售工作取得重大突破。

说话对销售人员尤为重要，毫不夸张地说，一流销售大师的业绩，至少有一半是用嘴巴去创造的。一位销售大师曾经说过，只要你拥有成功销售的口才能力，你就能够拥有白手起家成为亿万富翁的机会。由此可见，口才

在销售中的重要地位是毋庸置疑的，拥有优秀的口才是每一个人都梦寐以求的，同样这也是成为一名优秀销售人员所必备的前提条件。那么，究竟该如何提升口才技巧呢？事实上这是没有捷径可走的，这是因为适合别人的东西未必适合自己。所以，最好的方法就是大家在日常生活中，一点一滴地积累，去学习和探索那些切实可行的沟通与口才技巧，只有这样才能够练就自己的"伶牙俐齿"。

底气十足，用自信的态度与客户交流

在销售过程中，销售人员所说的话及说话的方式、说话的态度对于顾客的影响都是很大的。

销售人员是靠嘴吃饭的，所以，一名出色的销售人员一定要有出色的口才。只有具备了出色的口才，才能够让客户感受到你的自信和魅力，才乐意购买你的产品。

一个销售人员有没有自信，是完全可以通过说话判断出来的。在销售过程中，懦弱、胆小的销售人员，往往说话声音小；而那些充满自信、底气十足的销售人员，往往声若洪钟，说话干净利落。

一个自信的销售人员，在做产品解说时如潺潺流水，顺畅自然，不温不火，恰到好处地把相关的产品信息有效地传递给客户，能使客户一听就懂，入耳入心，使客户有美的感受，激起客户的购买兴趣。

顾客则可以通过销售人员说话时的态度及说话的方式，看出销售人员对自己的商品和推销技巧是否有自信。如果销售人员非常坚定，则他的商品就一定不错，他的诚恳态度就是真实的，他的表述就有九成是正确的，这样本

第一章 练好销售口才,说出好的业绩

来犹豫的顾客就会下定购买的决心。

有一位卖地板清洁剂的销售代表到一家饭店去推销产品,刚一推开经理室的门,发现已有一家公司的销售代表正在推销他们的产品,而且经理已表示要购买。后进来的销售代表凑过去看了看说:"经理,我也是销售地板清洁剂的,不过我的产品质量比他的好!"后到的销售代表将自己的清洁剂往地板上一泼,擦了两下说:"你来看!"地板变得干干净净的,先来的销售代表呆了,不知道怎么应付。饭店经理看了,对先来的销售代表说:"你以后不用来了,我要这家的产品了。"可见,在销售的竞争中,谁有信心就能赢得更多机会。

一个没有自信的人,干什么事都不容易成功。自信是成功的先决条件。销售人员只有充满自信,在客户面前才会表现得落落大方、胸有成竹,才会感染、征服对方。因为在与客户沟通时,每一句话都是自己内心状况的真实写照,如果缺乏信心,对方会很容易从言谈中发现一些端倪。如果总是揣着"我这次会不会被拒绝""客户会欣赏我吗""我说的是否正确"等想法,那还能把想要表达的意思流畅地表达出来吗?

甩掉自卑,建立自信,进行积极的自我暗示、自我激励,大胆地表达与展现自己,这是一个成功的销售人员应该迈出的第一步。

一家小印刷公司推行新的销售计划,每半年雇用一名销售人员,新雇用的销售人员必须先学习商品知识和销售技巧,然后跟着销售主管现场实习,最后才能得到该公司经理接见的机会,当经理对他讲一些带有鼓励性的话时,他就等于领到了"毕业证书"。

一次,该公司雇用了一个不成熟而且缺乏信心的年轻销售人员,这位销售人员在经过前两个阶段的学习后,对自己能否胜任工作一点儿也没有把握,他正担心经理不发给他"毕业证书"呢。

可是，那位经理在对他讲了"你能干好的"之类的鼓励性的话后，说道："你听着，我要把我想要做的事告诉你，我打算让你到街对面的'绝对可靠的一位客户'的住处去销售，以往我也总是把新来的销售人员派到那里去销售。理由很简单，因为那个老头是个老买主，什么时候都买我们的东西。但是，我要预先警告你，他是一个厚脸皮、令人讨厌、爱吵嘴而且满口粗话的人。你如果去见他，他只会叫嚷一阵而已，实际上他是不会吃了你的。所以，无论他说什么，你都不要介意。作为我来说，希望你默不作声地听着，然后说：'是的，先生，我明白了。我带来了本市最好的印刷业务的商谈说明，我想这个说明对你来说，也一定是想要得到的东西。'总而言之，他说什么都没关系，要坚持你的立场，然后反过来讲你要说的话。可不要忘记啊，他在什么时候，都会向我们的销售人员下订单的。"

这位被打足了气的年轻销售人员随即冲过大街叫开老头的门进入屋里，报了自己公司的名字。在头5分钟里，他没有机会讲上一句话，因为那老头不停地给他讲一些无关紧要的事情，一会儿教他某种菜的吃法，一会儿又教他一些莫名其妙的英语词汇。好在这位销售人员事先得到过警告，他耐心地等待暴风雨过去。最后他说："是的，先生，我明白了。那么，这是本市最好的印刷业务的商谈说明，这样的商谈说明，当然是您想要得到的东西。"这样一进一退的进攻和防守大约持续了半个小时。半小时后，那个年轻的销售人员终于得到了该印刷公司从未有过的最大的订单。

当他喜滋滋地把订单交给经理时，他说："您说的关于那位老人的话没错。他是一个厚脸皮、令人讨厌、爱吵嘴、满口粗话的人。可是我对那位可爱的老人有不同的看法：他真是个大买主！"

经理看了一下订单，满脸惊讶地说："喂，你搞错人了吧？那个老头，在我们遇到的对手中，是最吝啬、最讨厌、最好吵架，而且是最爱说粗话的一个！我们这15年来总想让他买点儿什么东西，可是他连一元

第一章 练好销售口才，说出好的业绩

钱的东西也没有买，总之，他从来没有从我们这儿买一件东西。我本来只想让你去练练胆子，没想到你真的成功了！恭喜你，你已经掌握了最好的销售技巧了！"

销售是与人打交道的工作。在销售过程中，销售人员要与形形色色的人打交道，这里面有财大气粗、权势显赫的人物，也有博学多才、经验丰富的客户。销售人员要与在某些方面胜过自己的人打交道，并且要能够说服他们，赢得他们的信任和欣赏，就必须坚信自己的能力，相信自己能够说服他们，然后信心百倍地去敲客户的门。如果销售人员缺乏自信，害怕与他们打交道，胆怯了，退却了，最终会一无所获。

美国作家爱默生说过："自信是成功的第一秘诀。"销售口才固然重要，但好的口才背后一定还隐藏着更重要的东西，那就是自信。不先树立自己的信心，只片面地强调口才，无异于舍本逐末。

如果你想在说话时底气十足、迅速赢得客户的心，最快速、最有效的方法就是建立超强大的自信。以下是帮助人们建立自信的几种方法：

1. 提升自己的外在形象。俗话说"人靠衣裳马靠鞍"，一身光彩的衣着，是你建立自信的基础。一套笔挺的西装会使得一个男子汉庄重起来，一袭长裙会使得一个女性的举手投足都显得亮丽、迷人。因此，漂亮的仪表能够得到别人的夸奖和好评，提高人的精神风貌和自信心。所以，平时要多注意自己的仪表，保持发型美观，衣着整洁、大方。当你的仪表得到别人的夸赞时，你的自信心一定会油然而生。

2. 学会自我激励。学会自我激励，要给自己一个习惯性的意念：别人能行，相信自己也能行；其他人能做到的事，相信自己也能做到。平时要经常激励自己："我行，我能行，我一定能行。""我是最好的，我是最棒的。"特别是遇到困难时要反复激励和告诫自己。这样，就会通过积极的自我暗示，鼓舞自己的斗志，增强内心的力量，使自己逐渐树立起自信心。

3. 练习当众发言。拿破仑·希尔曾说："有很多思路敏锐、天资很高

的人,却无法发挥他们的长处参与讨论。并不是他们不想参与,而只是因为他们缺少信心。"要想增强自己的信心及锻炼口才,就要在众人面前慷慨陈词,即使说错了,你也会增加自信。只要努力在众人面前大声说出自己的想法,你就可能成为一个更好的公共场所发言者,对自己的想法也会更有信心。

善用肢体语言,增强沟通效果

在使用口头语言和客户进行沟通的同时,销售人员还应该配以一定的肢体语言来对客户进行恰当的动作暗示,实施动作暗示的主要工具和外在表现,就是肢体语言。

肢体语言又称身体语言,是指通过身体各部分能为人所见的活动来进行表达和交流,也可称之为体态语言或无声语言。它主要包括手势、眼神、动作及姿态等,是有声语言的重要辅助手段和补充。肢体语言的有效运用及其与有声语言的有机结合,能达到"眉来眼去传情意,举手投足皆语言"的效果。

话语的主要作用是传递信息,而肢体语言则通常被用来进行人与人之间思想的沟通和交流。在某些情况下肢体语言甚至可以取代话语的位置,发挥传递信息的功效。一个有名的实验发现:一个人要向外界传达完整的信息,他的语言只占17%,声调占38%,而剩下55%的信息却要通过肢体语言来传达。心理学家认为,一个人外部表现出来的某种姿态是其内心状态的外在展示,它依这个人的情绪、感觉与兴趣而定。甚至有时候,一个从内心所展现出来的姿态,要比成百上千句话更有分量。所以,一个优秀的销售人员不能光会靠嘴说，而且也要学会运用肢体语言帮自己更好地与客户沟通。

肢体语言在与客户沟通中起着非常重要的作用。一方面，你可以通过肢体语言来传达口头语言很难传达的信息；另一方面，客户会通过你的肢体语言很直接地来感知你的情绪、信心和可靠度，并由此决定是否该信任你、喜欢你，然后决定是否购买你的产品。

相对于口头语言来说，肢体语言更加简单有效，其直观性能够更有效地吸引客户的眼球，获得客户的注意，并加深他们对你的好感。

很多销售人员都知道肢体语言的重要性，但却不懂得去学习这种技巧。因为他们认为，这种技巧很难掌握。其实，肢体语言并不难学，至少比专业的手语要容易得多。

简单来说，肢体语言可以分成四大部分：

1. 眼睛。眼睛是心灵的窗户，反映着人的喜怒哀乐，它能向客户传达很多信息。但凡是优秀的销售人员，都希望与客户保持目光接触。特别是当客户犹豫不决时，目光接触越多越好。

有的销售人员在面对客户时，不敢看对方的眼睛，就是看着对方眼神也是飘忽的。这让老练的客户一眼就能看出你的不自信，就是因为看到了你的弱点，他才会不停地讲条件，本可以马上签下的订单，却迟迟没有结果。正确的肢体语言应该是面带微笑，眼睛炯炯有神地、柔和地看着对方的眼睛，不卑不亢，让对方感受到你的自信和平和，感受到你的诚实和勇气。

2. 手势。每个人在谈话的过程中都会有不同的手势，只是有的手势是有助于表达的，有的则会令人讨厌。比如，张开手掌这个手势会给客户诚实的感觉，可以提高你的可信度，增强你的交际能力。在谈业务时，最好不要出现用手指指点对方的手势，这样会让对方非常反感，也不要讲话时挥舞拳头，这些手势都是不礼貌的。

3. 面部表情。微笑是用来创造良好形象的最有效的肢体语言。因此，在与客户交流时，销售人员的脸上一定要始终洋溢着微笑，千万不要流露出不耐烦，否则很容易得罪客户。此外，销售人员还要注意微笑不是那种程式化

的、机械化的微笑,而是要做到自然而然、发自内心,这样的微笑才能打动人心。

4. 身体姿态。销售人员与客户相处时的角度与距离,都要表现出热情和尊重。刚开始,销售人员可能需要站着和客户交流。有的人站着时不断地摇晃肩膀,不断地倒换双脚,这些动作很不礼貌,也会让客户感到你不耐烦,想尽快结束谈话。正确的做法是像军人似的稍息的动作,一脚稍微在前,另一脚靠后支撑重心。一定要稳重,不要摇头晃脑。当坐下来谈业务时,要做到后背挺直,身体稍向前倾,这样才能充分展现出你的热情、职业素养和对客户的重视。

需要特别说明的是,这些肢体语言虽然很细微,但也要注意不要给客户提供负面的信息。比如,你的一个皱眉可能是表达你对某种现象的不满,但客户很可能会认为你讨厌他。因此,销售人员在运用这些细微的肢体语言时,一定要注意考虑一下是否会对客户产生消极的影响。

练好金口才,业绩自然来

语言是人类表达内心思想的工具。一个人的口才与他的心理思想有着密切的联系,口才是内心思想的载体、物质外壳和表现形式。对一名销售人员而言,拥有出色的口才能在客户面前展现他的品德修养、文化素质和个人魅力。同时,成功的销售也来自一流的口才,良好的销售口才会使你从容自如、左右逢源。

第二次世界大战的时候,美国军方推出了一种军人保险,如果一个士兵每个月交10美元，那么万一在战场上牺牲了，赔偿金为20万美元。这个保险出来以后，军方认为大家肯定会踊跃购买，但结果竟然是没有一个士兵愿意购买。

士兵们的心理其实很简单，在战场上连命都要没有了，过了今天都不知道明天在哪里了，还买保险有什么用呀？10美元还不如买两瓶酒喝呢！所以大家都不愿意购买。

后来，亨特先生被派到一个新兵培训中心推广军人保险。听他演讲的新兵100%都自愿购买了保险，从来没人能达到这么高的成功率。培训中心主任想知道他的推销之道，于是悄悄来到课室，听他对新兵讲些什么。

"小伙子们，我要向你们解释军人保险带来的保障，"亨特说，"假如发生了战争，你不幸阵亡了，政府将会给你的家属赔偿20万美元。但如果你没有买保险，政府只会支付6000美元的抚恤金……"

"这有什么用，多少钱都换不回我的命。"一个新兵沮丧地说。

"你错了，"亨特不急不忙地说，"想想看，一旦发生了战争，政府会先派哪一种士兵上战场？买了保险的还是没买保险的？"

士兵们听了亨特的一番话之后，纷纷投保，大家都不愿成为被首先派上战场的人。

一个人的说话能力，是获得交易成功的必要条件。就像卡耐基所说的："一个人的成功，约有15%取决于知识和技术，85%取决于沟通——发表自己意见的能力和激发他人热忱的能力。"当然，这所有的前提是，你的产品必须足够优秀，能够打动客户。

好口才折射出一个人自信、乐观、宽容、高雅的内心世界。人的心灵总会有相通之处，语言的作用就是架起人与人心灵沟通的桥梁。口才的好与坏直接影响销售人员与客户之间交流沟通的效果，所以销售人员要灵活运用语言工具，让自己在客户面前取得最佳表现，从而赢得客户的信赖，顺利完成

交易。

好的销售口才不是能说会道、口若悬河、唇枪舌剑，也不是只说好话，只说客户爱听的话。销售口才首先要做到表达目的、表述意图、提出问题、论证是非。不敢表达自己的意思、不敢坚持自己的观点、不敢维护自己的利益，这样的销售人员即使能说会道，也只是阿谀奉承之徒，怎么能促成交易，达到成功推销的目的呢？

拥有好口才是每一个销售人员所梦寐以求的。那么，究竟怎样才能拥有好口才呢？具体来说，要拥有好的销售口才应注意以下几个方面的问题：

1. 注意音量与语调。响亮的语言、自信的语调总是能感染别人，如果一个销售人员连话都不敢大声说，还能指望他去做什么呢？

2. 吐字清晰，层次分明。吐字不清、层次不明是销售人员与客户交谈成功的最大敌人，假如别人无法了解你的意思，你就不可能说服他。要克服这种缺点，最好的方法就是在公众场合练习大声朗诵。

3. 注意说话的节奏。如同开车有低速、中速与高速，必须依据实际路况的不同而有所调整，说话时也要考虑这个方面的问题。另外，音调的高低也要妥善安排，任何一次谈话中，抑扬顿挫、速度的变化与音调的高低，必须搭配得当，只有这样你的谈话才能有理想的效果。

4. 耐心细致。销售人员在与客户交流的时候，要学会察言观色，善于观察客户的反应。一般来说，可以通过客户的面部表情，话语的快慢、轻重及手势等行为举止去领悟客户的心境。对待客户，说话要有耐心，要细致讲解，并且设身处地为客户着想。

5. 声音的大小要适中。在一个人少的房间里，如果说话音量太大，就会成为噪声；如果音量太小，使对方身体前倾才听得到，对方听起来就会感到很吃力。最恰当的做法是两个人能够相互听到彼此的声音就可以了。

6. 注意语言与表情的配合。这样做能使销售人员的讲话更具感染力。

7. 注意适当的停顿。停顿在与客户的交谈中非常重要，要运用得恰到好处，既不能太长，也不能太短，这需要销售人员去细心揣摩。停顿有整理自己的思维、引起对方注意、观察对方的反应、促使对方答话和下决定等功用。

8. 语言要生动。语言的魅力是无穷尽的,生动、活泼、幽默的语言能让销售人员在介绍产品的时候,形象地把产品的优点展示给客户,客户也易于理解。在销售中,有关产品的一些新名词、新术语,客户一时接受不了,如能使用一些生动形象的比喻,就会更利于客户理解。

9. 满怀激情。客户总是喜欢与充满激情、开朗、面带微笑的销售人员谈生意,因为能得到愉快的体验和周到的服务。在销售中,销售人员首先应该发自内心地去赞美客户,让客户心情舒畅,接着要用充满热情的语言去介绍产品,让客户感到既能学到有用的东西,又能度过一段愉快的时光。

一次成功的销售应该像一个好的电视节目,有好的画面和好的音响效果,如果电视机的音响不好,观众的听觉享受就不佳。这就像销售时,如果销售人员太有攻击性,或讲得太多、声调太高,顾客会吓跑的。

相反,如果解说过程太慢或缺乏热情与感染力,顾客也会觉得兴趣索然。跟笑声一样,热情也会有传染性。你的话语、表情,以及你对自己所做事情的感觉,也会影响客户,你对雇主、自己的工作或产品的热情都能通过语调传递给他人。所以说,具有魅力的语言能够充分展示一个销售人员的个人魅力和自信,同时也会给顾客带来愉悦的享受。

用嘴拿订单,好口才是销售的敲门砖

好的口才是成功的关键,销售工作尤其如此。俗话说得好:"买卖不成话不到,话语一到卖三俏。"由此可见,一名出色的销售人员一定要有出色

一分钟打动人心的
销售口才

的口才。因为出色的口才能够让顾客感受到你的魅力，才会心甘情愿地购买你的产品。

有一家钟表店，出售一块造型过时的手表，这种手表已多年不生产了。有一天恰巧来了一对夫妻，丈夫给妻子买表。妻子眼睛近视，需要手表的时针和分针都很粗大，且颜色与表盘反差要大，刚好这块过时的手表符合这些要求，只是造型不时髦了。丈夫否定了这块表，刚要走，店主拉住了他，对他说："这块手表外形的确有一点过时，但你妻子又不会太在意，而表针粗大对你妻子却很合适，你错过了这个店，恐怕在其他地方还买不到呢！"丈夫觉得店主说得有理，便买了这块手表。

很显然，如果不是这个店主会说话，这单生意肯定就泡汤了。销售人员能言善辩，说话中听，是销售工作的一种素质要求。

销售人员要想成功地实现销售，一个至关重要的环节就是用自己的言谈来吸引客户的注意力，使客户对推销的产品产生兴趣，进而才有可能说服客户，并促使其最终做出购买的决定。在推销的过程中，应该想方设法通过短暂的接触和谈话来博取对方的好感，也就是要充分展示自己的个人魅力，这是进行成功销售的一个必要前提。

台湾某著名电脑公司推销员阿信曾经极度苦闷，他在推销电脑的过程中绞尽了脑汁去介绍产品的性能如何如何好，但客户似乎都没有兴趣。电脑推销不出去，他对自己也越来越没有信心，于是心灰意懒地走进一家餐厅，闷闷不乐地自斟自饮。

坐在他邻桌的是一位太太和她的两个孩子，他们正在吃午餐，那个男孩胖乎乎的，什么都吃，长得很结实；那个瘦弱的女孩却紧皱着眉头，举着筷子将盘子里的菜翻来拨去，就是不吃。

那位太太有些着急，轻声开导小女孩："别挑食，要多吃些蔬菜，

第一章 练好销售口才，说出好的业绩

不注意营养怎么能行呢？"这样一连说了几遍，但小女孩仍将嘴巴噘得老高，还是不肯吃。这位太太渐渐失去了耐心，不断地用手指敲桌子，怒容满面。

看到这种情景，阿信喃喃自语："这位太太的蔬菜跟我的电脑一样，'推销'不出去了……"正想着，一位年轻服务员走近了那个小女孩，贴着她的耳朵悄悄说了几句话。让人感到意外的是，听了服务员的话后，那小女孩马上就大口大口地吃了起来，边吃边看了那个男孩一眼。

那位太太很惊奇，就把服务员拉到一边问道："你用了什么办法，让我那犟丫头听话？"

服务员微笑着说："马不想喝水的时候，随你死拉活拽它也不会靠近水槽。要想让它喝水，得先让它吃些盐，它口渴了，你再牵它去喝水，它就会乖乖地跟你走。太太，不瞒您说，您经常带孩子来吃饭，我也经常看到哥哥欺负妹妹。我刚才对妹妹说：哥哥不是老欺负你吗？吃了蔬菜，长得比他更胖，更有力气，看他还敢打你吗？"

旁观的阿信听后暗暗叫绝："太妙了，自己推销电脑不也是这种道理吗？"有了这种想法后，他立即对自己失败的推销经历进行了反思，找出了症结所在，并对自己下一步的推销工作进行了优化调整，随后便开始了行动。

第二天，他敲开一家公司采购部负责人的办公室，这家公司他以前来过很多次，但都没能推销成功。

这一次，阿信不再滔滔不绝地讲述产品性能，而是微笑着问："先生，我不想多说我的产品，我只想问贵公司目前最关心的是什么？贵公司目前为什么事而烦恼？"

对方叹了口气说："承蒙您这么关心，我就直说了吧，我们最头痛的问题，是如何减少存货，如何提高利润，您的产品我们真的没兴趣呀！"

阿信没有说什么，马上回到电脑公司，请专家设计了一整套方案，要点是如何使用自己公司的电脑，使对方公司存货减少，利润增加。

当阿信再度去拜访这个公司采购部负责人时，边出示那套方案，边热情介绍："先生，请您看一下这套方案，希望能够减轻您的烦恼。"

采购部负责人将信将疑地翻开那些资料，越看越高兴："先生，您的策划方案太好了！请将资料留下，我要向上级报告，我们肯定会向您订购电脑的。"

后来，他们果真向阿信订了一大批货。

阿信的这次销售经历，真可谓是"山重水复疑无路，柳暗花明又一村"。

其实，世界上没有沟通不了的客户。客户不听你的话，不买你的产品，可能是你没有注意说话方式，没有考虑客户的心理，缺少感染力，未能引起客户的注意，未能打动客户的心，没有实现双方心灵的互动。说到底，你的销售只是单方面的推销行为。

销售工作的本质就是通过说服客户来达成交易，销售人员如果没有一定的口才和说服技巧，就无法与客户进行有效的沟通，也无法说服客户来实现交易。优秀的说服能力是销售人员走向成功的保证。对于销售人员来说，要想赢得客户的信任，被客户接纳，就要具备高超的交谈能力和说话艺术，只有这样，才能打开与客户沟通的大门，让彼此的心灵产生共鸣，为双方的交易搭起一座桥梁。

总之，作为一名销售人员，就要善于思索，勤于思索，想别人未想，做别人未做，要练习口才，使自己的话语能够感动别人，这样的推销才能够有特点、有成效。

第二章
三言两语巧开场，接近客户零距离

第二章 三言两语巧开场，接近客户零距离

开口有道，来个漂亮的开场白

要想有效地吸引客户的注意力，在面对面的推销活动中，说好第一句话是十分重要的。推销专家戈德曼博士说："在面对面的销售中，说好第一句话是十分重要的，顾客听第一句话要比听以后的话认真得多。"《华尔街日报》记者、哈佛大学客座教授尼德·尚曾说过："第一句话都不会说，怎么能了解对手呢？这样的傻事我可从来不干。"所以，任何一名销售人员都要重视每一个开场白的设计，这样才能使销售工作顺利展开。

人生最困难的事情恐怕就是跟陌生人交谈了。但作为一个销售人员，这是每天必不可少的核心工作。当你第一次跟客户见面的时候，打破僵局是对话的关键。

很多人都有这样的体验，在与陌生人会面时，心里总会打鼓："我到底该怎样说出第一句话，让他对我感兴趣呢？"而在事后，我们又往往后悔不已："我今天怎么能说那样大煞风景的话呢？""我要是换个方式，结果可能会好点儿。"然而，这个世界上没有卖后悔药的，我们只好暗下决心，第一次就要把握好说话方式，来一个漂亮的开场白。

下面是一个推销员拜访客户时的开场白：

推销员A如约来到客户办公室。开场说道："陈总，您好！看您这么忙还抽出宝贵的时间来接待我，真是非常感谢啊！"（感谢客户）

"陈总,您的办公室装修得虽然简洁却很有品位,可以想象您应该是个做事很干练的人!"(赞美客户)

"这是我的名片,请您多多指教!"(第一次见面,以交换名片作为开场白)

"陈总以前接触过我们公司吗?"(停顿片刻,让客户回想或回答,给客户留出时间)

"我们公司是国内最大的为客户提供个性化办公方案服务的公司。我们了解到现在的企业不仅关注提升市场占有率和利润空间,同时也关注如何节省管理成本。考虑到您作为企业的负责人,肯定很关注如何最合理地配置您公司的办公设备以节省成本,所以,我今天来与您简单交流一下,看有没有我们能提供协助的。"(介绍此次前来的目的,突出客户的利益)

"贵公司目前正在使用哪个品牌的办公设备?"(问题结束,让客户开口)

陈总面带微笑非常详细地和该推销员谈起来。

从这个例子中可以看出,开场白要达到的目标就是吸引对方的注意力,引起客户的兴趣,使客户乐于与我们继续交谈下去。该案例的主人公,就是通过很好的开场白吸引了客户,有了个漂亮的开门红,从而向促成销售迈进了一步。

松下幸之助也曾利用积极的开场白吸引了合作者,从而让自己挖掘到了第一桶金,让一个默默无闻的小商店发展成为世界闻名的松下集团。当时他的商店是经营建材商品的,刚刚摆脱亏损的困境。他常常思考:怎样才能赚一笔钱呢?恰在这时,松下从一个朋友那里得知,北海道阳光瓷砖厂召开订货会议。该厂的瓷砖乃是名牌产品,很畅销,可惜

第二章 三言两语巧开场,接近客户零距离

他店小资薄,厂家根本看不上眼,更没发邀请,因而无缘涉足。但松下想,这次订货会一定要参加。厂家没有发邀请,不要紧,他自有办法。

订货会召开那天,松下使出浑身解数终于弄到了一张代表证。在订货会上,厂家照例要向经销公司征求产品质量及其他方面的意见。松下想,像我这样的小店,厂家根本不会注意,得想办法引起厂家的注意。座谈会一开始,松下就第一个站起来发言。这一举动引起了厂家的注意:他是谁?哪个销售公司的?松下侃侃而谈,从瓷砖的性能到质量、品种到花色足足谈了20分钟。果然,厂家找上门来和他接触,探听虚实。松下见初步目的已达到,便如实相告:我们是个小店,资金不雄厚,名气也不大,我不请自来,一是仰慕贵厂的产品质量和良好的信誉,二是想求贵厂扶持一把。

厂家听到松下的肺腑之言,深为感动。他们平常遇到的客户,开口我们公司资金多么雄厚,闭口我们公司名气在本地如何如何大,今天可碰上了一个诚实的经销商,当下表示可以商量,最后达成协议:先发3万块瓷砖,货到后半个月内付款,然后再订20万块瓷砖的合同。

数天后,3万块瓷砖如期到货。由于松下回来后做了宣传促销工作,3万块瓷砖不到7天便销售了2万块,松下立即将货款汇给厂家,虽然还没全部付清,但按规定已早付了8天,余下的保证10天内汇齐。厂家见松下如此讲信用,认为余下的货款即使会迟上几天,恐怕松下也是最讲信用的经销商了。

松下幸之助之所以能成功,正是因为他先声夺人的开场白和诚实的态度引起了厂家注意,从而得到了自己想要的结果。在推销活动中,如果你的开场白足够吸引人,能在开场的那一段短暂的时间内抓住客户的心,那么接下来的推销活动会比想象中要容易得多。

俗话说"万事开头难",如何在见到客户时巧妙开口,一下子就让客户

对销售人员产生好感,进而对销售人员的推销活动也产生兴趣,对销售人员来说非常重要。所以,作为销售人员,必须要利用好开场白的机会,紧紧吸引住客户的注意力,抓住客户的心。

谈论对方感兴趣的话题

戴尔·卡耐基在《人性的弱点》一书中说过这样一段话:"在去钓鱼的时候,你会选择什么当鱼饵?即使你自己喜欢吃奶酪,但将奶酪挂在钓钩上会钓不到半条鱼。所以,即使你很不情愿,也不得不用鱼喜欢吃的东西来做鱼饵。"

其实,在与人交谈的时候,也应该如此。在销售工作中,我们常常会有这样的体会:与没有共同语言的客户交谈时,会感觉到非常别扭、尴尬。一旦遇到这种情况,我们就需要转换思路了。若是从对方感兴趣的话题入手,投其所好,则往往能"钓到大鱼"。

杜维诺先生想把自己经营的面包推销到纽约的一家大饭店,他经常给饭店的老板打电话嘘寒问暖,还经常出现在饭店老板出席的活动中。他甚至在该饭店住了下来,以便做成这笔生意,但是,杜维诺的这些努力都白费心机了。

杜维诺苦苦思索,终于找到了症结所在。经过调查,杜维诺发现这个老板是"美国旅馆招待者"组织的一位骨干会员,最近还当选为主席,他对这个组织极为热心。不论会员们在什么地方举行活动,他都一

第二章　三言两语巧开场，接近客户零距离

定到场，即使路途再远也不影响他的出席。

杜维诺再次见到饭店老板时，开始大谈"美国旅馆招待者"组织，这位老板当即滔滔不绝地跟杜维诺热情地交谈起来。当然，话题都是关于这个组织的。结束谈话时，杜维诺得到了一张该组织的会员证。在这次会面中杜维特丝毫没有提面包的事，但几天之后，那家饭店的厨师长就打电话过来，让杜维诺把面包样品和价格表送过去。

"我真不知道你对我们那位老板做了什么手脚。"厨师长在电话里说，"他可是个很固执的人。"

"想想吧，我整整缠了他4年，还为此租住了你们的房间。我原以为为了做成这笔生意，我可能还要缠他很久。"杜维诺感慨地说，"不过感谢上帝，我找出了他的兴趣所在，知道他喜欢听什么内容的话。"

在销售过程中，销售人员必须跟着客户的兴趣走，谈话没有共同点是很难进行下去的。例如，看到阳台上有许多盆栽，你不妨说："您对盆栽很感兴趣吧？花市正在开郁金香展，不知道您去看了没有？"看到高尔夫球具、溜冰鞋、钓竿、围棋等都可以展开相关话题。另外，作为优秀的销售人员，你对各种时尚、众人感兴趣的话题也要多少知道一些，总之最好是无所不通的。

许多有经验的推销员都喜欢投其所好以说服客户，这方面成功的案例数不胜数。刚开始的时候对方对推销员、对交易很厌烦，但是后来由于推销员巧妙地聊起了他们感兴趣的话题，对方产生了好感，最终交易成功。由此可见，再忙的人，再抠门的人，都乐意花费时间或者花费钱财在他喜欢的事情上。如果你要想让推销变得容易，就该记住一个原则：发现人们的需要，并满足它。

某空调公司的员工袁晨，是该公司的空调推销高手，他推销出去的

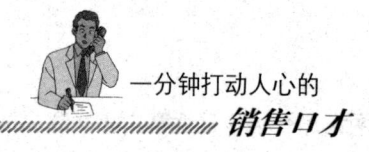

空调要占公司营销总量的二分之一。他推销的成功秘诀就是找准顾客的兴趣,从顾客的喜好入手,在不断闲聊的过程中拉近关系,通过迂回的战术,打开顾客的钱包。

有一次,他的一个好朋友告诉他,花园小区有个叫李思强的住户想买室内空调,他就马上赶了过去。这是一个富人聚居的高档住宅小区,整个小区只有几十户人家,袁晨没费多大工夫就找到了李思强的家,叩开门说明来意后,李思强淡漠地说:"我现在还没有这个计划。"然后立即关了门。

袁晨一边走在小区的林荫小道上,一边留心观察,在这个小区里,几乎每家有空调,站在门口与李思强谈话时,他从门缝里看到其室内装修很考究,可以看出是一户殷实人家,好马定会配好鞍。袁晨就决定拿下这位客户,但去了几次,都被拒之于门外。

袁晨决定对客户调查一番,以便更了解客户的心理。他了解到,李思强原是一名打工仔,几年打拼跻身富人阶层,是个倒腾电脑的生意人,业余喜好搞室内设计,也赚了一些钱,新买别墅的室内装修设计就是他的得意之作,他还常常在朋友面前炫耀。于是,袁晨就决定从他的兴趣喜好入手,以此为突破点,拿下这位客户。

在一个阳光明媚的下午,袁晨又一次敲开了李思强家的门,李思强一见是他,不等他说话,就想关上门,袁晨连忙挡住说:"李老板,今天我来找你不是谈空调的,我听朋友说你在室内装饰设计方面是个行家,我对这方面非常感兴趣,我的一个朋友要装修别墅,他托我向你请教一番。"

顿时,李思强的脸色缓和了许多,并把他请进了屋,袁晨走到墙边,边用手摸着墙上的木板边说:"你这是枫木吧,木质十分细腻,很漂亮!"李思强听后,心里乐滋滋地说:"是的,枫木是北美洲的产物,因受气候的影响而具有细致的纹路,浅淡的暖黄色,颇具西方人文

第二章　三言两语巧开场，接近客户零距离

主义的质感，并且具有一种现代主义图案文化的意义。"

李思强的情绪非常好，就带着袁晨仔细参观每一间屋子，一件件介绍室内的装饰品，从木质到比例，又从比例谈到色调，从工艺谈到价格，还详细介绍了他的设计过程，就连餐厅也要做详细介绍："餐厅的餐桌我着重以'木情'为设计的主题，希望在用餐时，全家人都有宁静、清新、舒适的感觉……"袁晨饶有兴致地聆听着，并不断地说一些李思强感兴趣的话题。

袁晨参观完整个房子，回到沙发上坐下，觉得时机已成熟，就故意把话题引到空调上来。他微笑着说："李老板真不愧是个设计大师，你的房子装修得精美绝伦，但是美中不足的是……"李思强一怔，忙说："愿闻其详。"袁晨说："这么漂亮的房子居然没有空调！你在炎炎夏日满头大汗回到家里，打开门迎接你的是一间更加闷热的'蒸笼'，你刚刚抹掉脸上的汗水，额头马上又渗出了新的汗珠，你打开窗子，一点儿风也没有，打开风扇，风却是热的，使本来就很疲惫的你更加烦躁。但是，如果你装了空调，走进屋里时，迎面吹来清爽的凉风，这种享受是多么惬意呀！"李思强大笑说："原来你醉翁之意不在酒，绕了这么大一个圈子，还是为了向我推销空调，不过也许是我俩有缘，我的房子装修好这么长时间，还没一个人陪我好好欣赏过，今天我非常高兴，就买两台空调吧。"袁晨就这样做成了这桩生意。

"酒逢知己千杯少，话不投机半句多。"只有客户对销售人员所说的话感兴趣，他才会重视起来。所以在第一次与客户接触的时候，不妨先给客户准备一道开胃菜——谈谈客户感兴趣的话题。

销售人员要想迅速地接近客户，与客户建立良好的人际关系，就要尽早找出双方共同感兴趣的话题，在拜访之前先收集相关的信息与资料，尤其是在第一次拜访时，事前的准备工作一定要充分。

一开口就激发出客户的好奇心

在销售实践中,销售人员可以通过激发客户的好奇心来接近他。这样做的一般步骤是:首先唤起客户的好奇心,引起客户的注意和兴趣,其次再寻找机会道明你的真实意图,并迅速转入面谈阶段。唤起客户好奇心的具体办法则可以根据每个客户的具体情况进行灵活选择。

某大百货商店老板曾多次拒绝接见一家服饰公司的销售人员,原因是该店多年来经销另一家公司的服饰,老板认为没有理由改变固有的供销关系。后来这位销售人员在一次销售访问时,首先递上一张便笺,上面写着:"您能否给我10分钟就一个经营问题提一点建议?"这张便笺引起了老板的好奇心,销售人员被请进门来。他拿出一种新式领带给老板看,并要求老板为这种产品报一个公道的价格。老板仔细地检查了每一件产品,然后做出了认真的答复。销售人员也进行了一番讲解。眼看10分钟时间快到了,销售人员拎起皮包要走。然而老板要求再看看那些领带,并且按照销售人员自己所报的价格订购了一大批货,这个价格略低于老板本人所报价格。

可见,那些顾客不熟悉、不了解、不知道或与众不同的东西,往往会引起对方的注意,销售人员可以利用人人皆有的好奇心来打开市场。

第二章 三言两语巧开场,接近客户零距离

寿险销售人员:"吴总,假如我这里有一批软木要卖掉,您愿意出多少钱?"

客户:"我不需要什么软木呀,所以没必要出钱。"

寿险销售人员:"好的,我再问您,如果您现在坐在一艘正在下沉的小船上,生命遇到了危险,我可以救您,但前提是您必须答应付我10万元的酬金,您愿意答应我的条件吗?"

客户:"这个嘛……呵呵,你怎么会问我这样的问题?"

这位寿险销售人员在与客户谈话之初,并未急于向客户推销自己的保险,而是问一些似乎与销售无关的、稀奇古怪的问题,这让客户感到非常意外,于是就会产生听下去的欲望。这位寿险销售人员开场白的成功之处在于他能够掌握客户的心理,即客户的购买是建立在需求的基础上的。他向客户提出的第二个问题就是一个很好的铺垫,而且这样的问题能够完全吸引住客户,可谓一箭双雕。

众所周知,好奇心的产生是因为外界的现象对大脑产生了一种刺激,使大脑的某些区域处于一种亢奋的状态中,进而引起人对外界事物产生了关注的心态。在现代营销学中,一些营销专家通常会把这种心理反应运用到营销策略中去,并明确地指出引起客户好奇心的重要性,即谁能够引起客户的好奇心,谁就有了成功推销的基础。

国外曾经发生过这样一件事:有一家生产"皇冠牌"香烟的企业想将自己的产品打入某海湾旅游胜地。产品质量虽然不错,但由于是新牌子,广告做了不少,销路仍毫无起色。

销售人员哈里斯十分苦恼,有一次抽着烟就上了公共汽车。当售票员提醒他时,他忙熄灭香烟并表示道歉,这时他看到了禁止吸烟的广告,灵机一动想出了办法。于是,他到处张贴"禁止吸烟"的宣传画,

在"禁止吸烟"的大字标语下,写下一行不引人注目的小字:"皇冠牌"也不例外。看到宣传画的人就会想:"为什么不例外呢?"这则宣传标语极大地引起了人们的好奇心,结果促成了购买"皇冠牌"香烟的热潮。

以上的事例说明,能引起对方的好奇心,进一步就能实现相互接近的目的,因而引发对方的好奇心也是销售的重要手法。

引发好奇心也不是故弄玄虚,还是要与对方的需要联系起来,触发对方心理上的敏感点。例如,告诉对方说:"您亲自看一看就会知道,这一定是您送给女朋友最好的礼物。"或者借助权威者的态度打动对方,如:"这种产品在国外展览时,连某国总统都惊动了。"或者告诉对方都有哪些名人买了这种产品,对方要见到也一定会喜欢。

能使对方产生好奇心,总是要引起对方的兴趣,同时又有对方所未知的内容,这才能促使对方进一步行动,想弄清楚不明白的问题。

当初次与客户见面时,你的开场白是具有关键性作用的。如果你的开场白能够引起客户的兴趣,那么你的推销任务就已经成功了一半;反之,如果客户对你的开场白理都没有理的话,你就不用期待客户能有耐心听你下面的话了。

每个人都有好奇的天性,一旦有了某个疑问,就必须得探明究竟不可。为了激发起客户的强烈兴趣,销售人员可以使用制造悬念的方法。你可以在开场白中制造某种悬念,以激起客户的一些好奇心,从而促使其尽快地进入自己的主题框架中去。

但是,需要注意制造悬念不是故弄玄虚,既不能频频使用,也不能悬而不解。在适当的时候应解开悬念,以使客户的好奇心得到满足,而且也使前后内容互相照应,结构浑然一体。这样便在不知不觉中把自己的产品介绍给了客户。当然,在运用这一方法时,一定要注意提问的方式,应该针对对方注意的事项进行提问,并且一定要把意思表达清楚,不要让顾客有一种含糊不清的感觉,否则就会起到适得其反的作用。激发客户好奇心的开场白要注意以下几方面的问题:

1. 销售人员要想吸引客户的谈话兴趣,就要避免直接谈论产品,而是从侧面着手,进行有效沟通。有效沟通的关键在于语言运用得巧妙。

2. 好奇心式开场白的使用重在新奇,因为只有这样才能引起客户的聆听兴趣,所以这种开场白的使用通常要求销售人员能够灵活应对,并且有丰富的销售经验。

3. 在开场白中可以向客户提出只占用其很短的时间,以暗示不会耽误他太长时间,从而避免客户产生反感。

4. 在表述开场白时,要注意说话时的方式,只凭借足够的自信还不够,在声调和语速上也要注意适度,切忌过于急躁。

总而言之,好奇心是人类的天性。销售人员如果能合理地利用客户的好奇心,那么推销之路将会走得更顺畅、更成功。

拉拉家常,说点客套话

在很多时候,你与客户第一次见面交谈,不妨先与对方聊聊家常,了解一下客户的背景和生活情形,以减轻其防卫心理,使彼此的交谈气氛更为融洽。而你也可以从对方的谈话中捕捉到对推销有利的资讯,让客户对你产生信任。适当地寒暄一番,聊聊家常,这也是接近客户的好方法之一。

王芳是某化妆品公司的美容顾问,她也是位善于观察的销售行家。一次,她要去拜访一位在外企上班的白领张小姐。

那日,王芳去的是张小姐刚刚装修好的新家。张小姐的家布置得十分古典,韵味十足,如诗如画的环境无一不在向外人诉说女主人的品位与爱好。

王芳看到了这一点,不着痕迹地询问起家里每一件家具的来历,并表示出极大的赞赏。张小姐自然很开心地和她聊天,她们从家居风格到风水,再到新女性的经济独立、人格独立,天南地北谈了两个多小时,却对化妆品只字未提。

末了,张小姐一高兴,买了许多高档化妆品。此后,张小姐成为王芳的老主顾,并为她介绍了不少新客户。

在正式的销售开始之前,几句客套话能拉近销售人员与客户之间的距离。客套话本身并不表达特定的意义,但它在销售中是必不可少的,因为客套话能使不相识的人相互认识,使不熟悉的人相互熟悉,使沉闷的气氛变得活跃。尤其是人们初次见面,几句得体的寒暄会使气氛变得融洽,有利于顺利销售和成交。

王经理:"李先生,您好!您这么忙还要打扰您,真是不好意思。这是我的名片,请多指教。"

李先生:"王经理,您好!"

王经理:"不知道李先生平常都有哪些休闲活动?"(谈论客户的一些兴趣爱好)

李先生:"我每周有两个晚上要去上软件设计的课程,星期日有时会带小孩去公园或动物园。"

王经理:"真不简单,很佩服您啊,工作这么忙,还能坚持学习。

第二章 三言两语巧开场，接近客户零距离

您有几个兄弟姐妹呀？"（拉拉家常，进行寒暄）

李先生："有一个哥哥、一个姐姐、一个妹妹，我是老三。"

王经理："哦！他们都在哪里高就？"

李先生："姐姐自己开一间化妆品店，哥哥在银行工作，妹妹是一家私人企业的职员。"

王经理："都挺不错的嘛！"

丁经理："哪里！"

王经理："你们平时经常联系吗？"

李先生："不常联系。只有在假期时大家才会一起出去玩，或吃顿饭，聊一聊。"

王经理："您平常如何做理财计划呢？"

李先生："一个月才几千元的收入，能做什么理财计划？"

王经理："那您买保险了吗？"

李先生："买了啊！"

王经理："一年大概要交多少保费？"

李先生："1万多元吧！"

王经理："当初买保险是出于什么目的呢？"

李先生："因为现在大多是小家庭嘛，万一我有个三长两短，太太、孩子怎么办？总要为他们想一想吧！"

王经理："您真是一个负责任的好丈夫和好父亲呀！"

李先生："哪里、哪里！"

王经理："如果现在有一个工作能够将您的所学和您的业务方向结合在一起，也就是说，将管理和推销综合运用，让您表现得更出色，而且薪水是您目前的两倍，您愿不愿意去尝试一下呢？"（切入正题"保险"）

李先生："当然愿意啦，那是什么工作呢？"

　　王经理："就是保险行销事业呀！"

　　李先生："但是，我不会做保险啊！而且我想我大概也不适合。"

　　王经理："其实大多数人一开始都像您一样，觉得自己不适合做保险，我刚开始时也是这样的。不过，许多东西都是可以学的，就像您也不是天生就会电脑一样。我也不敢说您适不适合，只有去尝试以后才能下结论，而且刚好我们公司这个星期有一个讲座，您可以过来感受一下。"

　　李先生："那好。"

　　学会和客户适当地谈谈家常，这样会更容易成功。在上面这个事例中，王经理通过聊一些家常话，与李先生进行寒暄，有效地拉近了彼此的距离，增进了感情，最后成功说服对方加入保险推销的行列。

　　很多时候，一份难能可贵的客户关系就是由一次不经意的拉家常开始的。拉家常看似简单，实则非常有学问。这需要我们练就一双火眼金睛，能迅速找到客户的兴趣点和其擅长的地方。

　　无数事实证明，如果销售人员在接触客户说开场白时，能和客户谈论一些家常，就能很好地增进彼此的亲切感，从而为下一步的推销工作打下良好的基础。但值得注意的是，拉家常时，尽量不要涉及客户的个人隐私，除非客户自己愿意多谈。

第二章 三言两语巧开场，接近客户零距离

销售人员常用的经典开场白

在很多的情况下，销售人员与客户沟通的时候，是需要适当的开场白的。开场白几乎可以决定一次访问的成败，换句话来讲，一个好的开场白，就是销售成功的一半。优秀的销售人员常用以下几种开场白来招揽顾客。

1. 提问开场法。在提问开场法的开场白中，销售人员可以找出一个和客户需求有关系的，同时又是所销售产品能给对方带来满足的问题，以得到对方的正面答复。例如，你可以问："您希望减低20%的原料消耗吗？"对于那些有可能得到对方否定回答的问题，则应该小心谨慎地去提问。比如说："您看过我们的产品吗？""没看过呀！""这就是我们的产品。"并同时展示样品，接着再说："敝公司派我特地来拜访您。您觉得我们的产品如何？"

2. 向客户求教法。这个方法就是销售人员装作不懂，向客户请教问题，以引起客户注意。此方法很适合那些好为人师，喜欢指导、教育别人或者显示自己的人。例如："王总，我知道您在计算机方面是公认的专家。这是我们公司刚刚研制出来的新型电脑，请您多多指导，不知道在设计方面还存在什么问题没有。"无论是谁在受到这番颂扬后，都会接过计算机的资料信手翻翻，一旦其被先进的技术性能所吸引，推销便大功告成了。

3. 赠送礼品开场法。赠送礼品开场法以赠送诸如钢笔、笔记本等一类的小礼品作为开场。要注意所赠送的礼品一定要与所销售的产品有关系，这一点很重要，因为这样一来完全可以在送礼品的同时，顺便提起你想要推销的

产品。

4. 借助他人开场法。在初次拜访客户的时候，销售人员如果直接冒昧地去接近对方，其效果往往不会太好。如果能在客户面前提一提你们都认识的人，说明这次拜访是通过熟人介绍来的，或者提一下客户的朋友、亲戚或是某个公众名人，就可以相对容易地接近客户。

5. 单刀直入法。熟人之间遇到急事往往采取这种形式，"无事不登三宝殿"，就直接打开话匣，进行点题了，全盘托出，引入正题。这种方式要求对推销的对象十分了解，无须多加寒暄，或者事情太急的情况下才可使用。因为太直率，如果不了解对方心情，不设身处地替对方着想，这种方法往往很难取得满意的效果。因此，这种方法要看情况使用，不宜随处滥用。

6. 借题发挥法。借题发挥法是指推销时先不直接明言，而是借别的问题加以发挥，逐步引入正题，也是人们经常使用的一种开头方法。用这种方法谈话的效果是非常好的。在推销过程中，双方往往要进行多个回合的"较量"，特别是碰到对方犹豫不决的时候，使用这种方法往往可以获得满意的推销效果。

7. 讲故事开场法。有时用一个有吸引力的故事或笑话开场，也可以收到良好的效果。但在这样做的时候一定要注意，讲故事的目的不仅仅是为了让客户感到快乐，所讲的内容一定要与你的推销工作有某种关联，或者能够直接引导客户去考虑你的产品。

8. 利益驱动法。几乎所有的人都对钱感兴趣，省钱和赚钱的方法很容易引起客户的兴趣，因此销售人员可以根据人们这种容易受到利益驱动的特点去设计自己的开场白，如可以说："张经理，我听说贵公司每年花在电费上面的钱都是一大笔开支，今天我想告诉您有一种方法能帮助贵公司节省一半电费……"或者说："刘厂长，你愿意每年在原材料方面节约10万元吗？"

第三章

与其滔滔不绝,不如用真诚打动客户的心

第三章　与其滔滔不绝，不如用真诚打动客户的心

记住客户的名字，赢得对方的好感

在销售过程中，客户有一项很重要的需求，那就是"被重视"。可以说，被重视是人类的共同需求，也是人性的又一"弱点"。那么如何满足客户的这种需求呢？记住客户的名字，不失为一种好办法。

俗话说：人过留名，雁过留声。姓名是人的标志，人们出于自尊，总是最珍爱它，同时也希望别人能尊重它。美国总统罗斯福说过："交际中，最明显、最简单、最重要、最能得到好感的方法，就是记住人家的名字。"和客户沟通的第一秘诀就是记住客户的名字，因为记住客户的名字是尊重客户的开始，也是与客户有效沟通的第一步。

推销员希得·李维曾经遇到一个名字非常难念的顾客。他叫尼古玛斯·帕帕都拉斯，别人因为记不住他的名字，通常都只叫他"尼古"。而李维在拜访他之前，特别用心地反复背诵了很多遍他的名字。当李维见了这位先生以后，他面带微笑地说："早安，尼古玛斯·帕帕都拉斯先生。"

"尼古"简直目瞪口呆，过了几分钟，他都没有答话。最后，他热泪盈眶地说："李维先生，我在这个小镇生活了35年，从来没有一个人试着用我真正的名字来这么称呼我。"自然，尼古玛斯·帕帕都拉斯成了李维的顾客。

由此可见，记住对方的名字是极为重要的。这既表现出了你对对方的重视，同时，也让对方感受到你的亲切，如此一来，对你的好感也就油然而生。抓住了对方的这一心理特征，你也就轻松地赢得了客户的心。

姓名，是世界上最美妙的字眼，每个人都十分看重自己的姓名。记住客户的名字是非常重要的事，忘记客户的名字简直是不能容忍的无礼行为。记住客户的姓名并真诚地叫出来，这不仅意味着你对客户的接纳，对客户的尊重，对客户的诚心，对客户的关注，满足了客户的心理需求，拉近了你与客户之间的距离，同时也体现了你的学识、涵养和魅力。

记住客户的姓名是一种礼貌，也是一种感情投资，在与客户交往的过程中会起到意想不到的效果。一位美国学者曾经说过："一种既简单但又最重要的获得好感的方法，就是牢记别人的姓名，并且在下一次见面时喊出他的姓名。"名字作为每个人特有的标识，是非常重要的。对一个人来说，自己的名字是世界上听起来最亲切和最重要的词语。准确喊出对方的名字不但是获得友谊、达成交易、得到新的合作伙伴的通行证，而且能立即产生其他举动所达不到的效果。

世界上天生就能记住别人的名字的人并不多见，大多数人能做到这一点全靠有意培养形成的好习惯。而你一旦养成了这个好习惯，它就能使你在销售活动中占有很多优势。

记住客户的姓名，并不是一件轻而易举的事，需要下一点功夫，还得有一套方法。要想记住记住大量客户的名字，可以参考如下几点：

1. 用心听记。把准确记住客户的姓名和职务当成一件非常重要的事，每当认识新客户时，一方面要用心听，一方面要牢牢记住。若听不清对方的大名，可以再问一次："您能再重复一遍吗？"如果还不确定，那就再来一遍："不好意思，您能告诉我如何拼写吗？"切记，每一个人对自己名字的重视程度绝对超出你的想象，客户更是如此，记错了客户名字和职务的业务员，很少能获得客户的好感。

2. 记住每个人的特征。人有许多方面的特征，有外形上的特征，如眼睛特别大，胡子特别多，前额很突出，等等；有职业上的特征，如擅长某一技术，在某一方面有受人称道的雅号等；有名字上的特征，有的人名字故意用些生僻的字，或者很少用来做名字的字，有的人名字与其他人的名字完全相同，这本来是没有特征的，但可以把"同名共姓"作为一个特征，再把他们联系起来，就容易记忆了。

3. 写下对方的名字。如果对方的名字比较难记，你可以说："我记忆力差，请让我记下来。" 对方不但不会讨厌，还会产生一种受尊重的感觉，因为你真心实意想记住他的名字。为了防止以后翻到名字也回忆不起来，除了记下名字以外，还要把对方的基本情况如年龄、特征等记下来。这个小本子要经常翻一翻，一边翻一边回忆那一次会见此人的情景，这样，三年五载以后再碰到此人，你也可以叫出他的名字来。

没有热情，再多的语言也显得苍白无力

一个优秀的销售人员必须要具备良好的口才，而好的销售口才在很大程度上反映在话语中包含的热情上，一个态度冷若冰霜的销售人员很难打动顾客的心。真正的语言魅力来自于发自内心的热情，这样才能更好地赢得对方的共鸣。所以，销售人员在与顾客接触时，一定要注意把话说得热情、亲切、和蔼，做到既恰如其分、留有余地，又能使顾客感到愉快、自然，从而

在一种轻松和谐的氛围中促成交易。

热情对销售人员而言是无往不胜的,美国商界女强人玫琳凯·艾施就是以热情赢得顾客的。

下面就是玫琳凯在销售过程中展示热情魔力的经历:

当我还在当一位年轻的家庭主妇时,在某个星期五的下午,我家的门铃响了。当我打开门时,一名素未谋面的女士站在门口,还没等我开口,她便自我介绍道,她叫伊达·布莱克,想向我推荐一套优秀的学前幼儿读物,并且征询我的意见,她是否能进屋向我解说。我邀请她进屋来,万没想到,在我还没有弄清楚她推荐的产品之前,她就让我对她的产品产生了极大的兴趣。

这是一套由父母亲在家中念给幼儿听的读物,由格罗里亚学会出版,书名为"儿童心理书库"。母亲们可以在这套书库的目录中找到任何想要释疑的问题,并能在里面找到相关的道德寓言故事,使幼儿在聆听故事时获得启发。我认为这是我见过的最好的一套儿童教育书籍。

虽然我对这套书爱不释手,但当伊达告诉我这套书的价格为50美金时,我的眼眶溢满了泪水。"我很抱歉,这一价格无异于叫我飞到月球上去,"我只得告诉她,"我负担不起。"

伊达已看出我特别喜欢这套书了,就对我说:"玫琳凯,我把书留在你这里,星期一再过来拿,你看好不好?"

"好极了,"我回答她,"但是这样也不会有多大用处,因为我根本就买不起。"

"那这样吧,"她说,"你帮我卖出去10套,我就送你一套,你觉得怎么样?"

"真的?天哪,那太棒了!天底下还有这等好事!"我破涕为笑,对她的这一建议表示了首肯。

第三章　与其滔滔不绝，不如用真诚打动客户的心

那个年头，我正好担任着休斯敦浸信会幼儿主日学校的义务监管人，因此我手头有许多母亲的电话号码。在接到这一"使命"后的整个周末，我便一个个给这些妈妈打电话，告诉她们这是我见过的最好的一套儿童教育书籍。我以满腔的热情向她们诉说着这套书的种种优点。就这样，奇迹真的发生了！我还没有将产品展示给她们看之前，就卖出了10套书——千真万确，她们根本还未看到这套书是什么模样！奇迹是如何创造的？那是由于我本人在向他们推荐时，实在太兴奋了，也让她们感染了这种情绪！热情真的有这么大的魔力吗？

当伊达在周一早上再度登门造访时，我向她展示了我的成果。"这里是她们的名字与地址，"我对她说，"你现在要做的就是去一一拜访她们，向她们收钱。"

"我真不敢相信！这真是个奇迹！"她说，"这套书就归你了，玫琳凯。"她指着摆在我餐桌上的那套书籍说。

"哦，谢谢你。"我哽咽着答道。

就这样，玫琳凯走上了销售之路。在以后的9个月中，玫琳凯共卖出了价值2.5万美元的书籍，赚取了一笔可观的佣金。1963年，玫琳凯创办了自己的化妆品公司，该公司拥有37.5万个美容顾问（销售人员），年零售额约20亿美元。现在，玫琳凯已经成为热情的代名词，正是极大的热情造就了她的巨大成功。

一个销售人员成功的因素很多，而居于这些因素之首的就是热情。没有热情，不论你有什么能力，都发挥不出来，根本就不用说成功了。成功是与热情紧密联系在一起的，要想成功，就要让自己永远沐浴在热情的阳光里。

热情，是一种内在的精神状态，它深入人的内心，真诚的热情是最能打动人的。你的热情可以传递给客户。商品是没有生命的东西，但客户却是有血有肉的人，会被热情所打动。热情还可以弥补销售人员自身的不足。即使

职场新人缺乏销售经验,也能凭借不可抗拒的热情不断地将产品推销出去。总之,销售人员只有用热情感染客户,销售事业才会犹如神助。无论是手握国际品牌的大商家还是做小买卖的摊贩,热情都能创造交易,因为感性诉求永远能打动客户的心!

  王志刚连续10年蝉联当地缝纫机销售冠军。中学毕业后,他原本接替父亲从事铸工一职,不料数年后经济不景气,导致工厂订单大幅锐减,一个星期中实际工作没几天,而此时的他已经结婚生子了,因此手头越来越拮据。直到有一天,他偶然看到一张"诚聘销售人员,专职、兼职均可"的广告,当时他心想既然可以兼职,可利用周六周日去跑客户,也不考虑自己从无销售的经验,对缝纫机更是一无所知,便跑去应聘了。更有趣的是,简单说完自己来应聘的目的时,他也不管店长是否录取他,便一把抓起一旁的广告宣传单,说声"我走了"就上街了,只留下店长在后面大叫:"你到底懂不懂什么叫缝纫机?"

  尽管他根本不懂怎么操作缝纫机,也不懂种种的销售技巧,只凭着自己的一片热忱,逢人便说拥有一台缝纫机可以自己做衣裳、绣花,享受数不尽的乐趣。很快地,一个月时间过去了,他以一个毫无经验的新人身份,才8个工作日,就创下了37台的销售佳绩,勇夺全店冠军,远远超过所有专职的老推销员。

热情是销售成功的一个重要因素,热情在销售工作中所占的分量很重。有的情况下,热情的作用甚至超出了销售人员对产品知识的了解和掌握,但遗憾的是,很多销售人员在销售的过程中并没有表现出足够的热情。爱默生说过:"缺乏热情,就无法成就任何一件大事。"销售人员面对的是人,销售是心和心的交流,只有热情才能感染对方,引起客户的共鸣,达到你的销售目的。

第三章　与其滔滔不绝，不如用真诚打动客户的心

一天，一位顾客来到江民的计算机店挑选计算机，那位顾客看了店里所有的产品之后，没有看中任何一款计算机，正准备离开时，江民走过来，热情地对他说："先生，我可以帮助你挑选到你最满意的计算机。我是这里的推销员，我很熟悉附近的计算机店，我愿意陪你一起去挑选，而且还可以帮你砍价。"

这位顾客同意了江民的请求，于是江民便带着他把附近的几家店都看了一遍，但顾客还是没有挑选到满意的计算机。

最后，那位顾客对江民说："我还是决定买你的计算机。老实说，我决定买你的计算机并不是你的计算机比其他店里的要好，而是你对顾客热情的态度感动了我。到目前为止，我还没有享受过这种宾至如归的服务。"

结果，那位顾客从江民那里买了好几台计算机，而且，那位顾客还在他的朋友圈内为江民免费做"广告"，介绍了很多客户到江民的店里来买计算机。

很多时候，热情是一种力量，它可以促使客户更快的接受产品，无怪乎销售大师原一平说："热情在销售中占的分量为85%，而产品知识只占15%。"

对销售人员来说，充满热情不仅仅是一个人外在的表现，还是其内心形成的习惯。这种习惯通过人的言谈举止自然而然地表现出来，从而影响他人。这种习惯让你蔑视一切困难，进而跨越困难走上成功的坦途。

热情作为一种精神状态是可以向外传播的，如果你始终以最佳的精神状态出现在客户面前，那你的客户一定会因此受鼓舞，你的热情会像野火般蔓延开来，最终成功地感染和打动你的客户。

以诚待人，用真诚的言语打动客户

一个人张口说话，真诚是最基本的要求。真诚就是真实、诚恳、实事求是，没有一点儿虚假。说话真诚的人，总会得到别人的信任，对销售人员来说也是如此。

面对客户，销售人员首先应想到的是如何把自己的真诚注入与客户交谈的过程之中，如何把自己的心意传递给客户。只有当客户感受到你的诚意时，他才会打开心扉，接收你要表达的内容，彼此之间才能实现沟通和共鸣。如果销售人员言谈话语中缺乏诚意，就会让客户觉得你是在欺骗他，销售自然无法顺利进行。

有一个顾客问服装店的售货员："这件衣服我穿上怎么样？"

"不错，很好。"那位售货员回答道。

然后，顾客又试了一件裁剪样式全然不同的衣服："这件衣服呢？"顾客同样对这件衣服表现出极大兴趣。

于是，售货员附和道："也挺好的。"

很快，这位顾客就意识到了那位售货员的意见是没有价值的，这件衣服究竟看上去如何，合身与否，他是不会对自己说真话的，他唯一的目的就是把东西卖出去。当顾客明白了这一点的时候，生意自然就无法成交。

第三章 与其滔滔不绝，不如用真诚打动客户的心

在销售行业中，有一些销售人员虽然能说善道，但业绩却不太理想，因为他们大多都有一个共同的缺点，就是他们所说的话能让客户明显地感觉到不够真诚，觉得只是在应付他们而已。这样一来，他们的能说会道就反而成了一种缺点，因为他们越是在顾客面前巧舌如簧地展现自己的口才，就越会使顾客觉得他们是在欺骗自己。

其实，销售口才的魅力并不在于你说得多么流畅，滔滔不绝，而在于你是否善于表达真诚。最优秀的销售人员并不一定是口若悬河的人，但一定是善于表达真诚的人。当你用得体的话语表达出真诚时，你就赢得了客户的信任，建立起互信的沟通渠道，客户也就可能由信赖你这个人而购买你的产品。

人与人交谈，贵在真诚。有诗云："功成理定何神速，速在推心置人腹。"只要你与客户交流时能捧出一颗恳切至诚的心，一颗火热滚烫的心，怎能不让客户感动？怎能不动人心弦？松下幸之助先生曾说："在这个世界上，我们靠什么去拨动他人的心弦？有人以思维敏捷、逻辑周密的雄辩使人折服；有人以声情并茂、慷慨激昂的陈词去扣动心扉……但是，这些都是形式问题。我认为在任何时间，任何地点，去说服任何人，始终起作用的因素只有一个，那就是诚实。"

日本企业家小池先生出身贫寒，20岁时在一家机械公司担任推销员。有一段时间，他推销机械非常顺利，半个月内就拿到了25位客户的订单。

可是有一天，他突然发现自己所卖的这种机械，要比其他公司生产的同性能机械贵了一些。

他想："如果让客户知道了，一定会以为我在欺骗他们，甚至可能会对我的信誉产生怀疑。"

深感不安的小池立即带着合同书和订单，逐家拜访客户，如实地向客户说明情况，并请客户重新考虑是否还要继续与自己合作。

这样的行动为他带来了良好的商业信誉，使他的客户大受感动，大家认为他是一个值得信赖且诚实的推销员。结果，25位客户中不但无人解约，反而又替小池介绍了更多的新客户。

古人云"巧诈不如拙诚"，意思就是说投机取巧、蒙骗欺诈可能会获得暂时的利益，但是一旦被别人识破，只会带来更深的怀疑；而真诚坦率看起来有点笨拙愚蠢，但是却能够深深地赢得人心。因此对于销售人员来说，以诚待人是销售工作中最基本的态度。没有诚意的人是无法获得别人信任的。只有诚实的心才能够换回客户的诚实相待。

很多时候，销售人员向客户介绍产品总是将产品说得完美无缺，天上少有，地上无双。然而，其实很多客户已经不再只听销售人员的一面之词了，他们会通过私底下的考察、评估，再结合销售人员的介绍，综合起来考虑，最后才会做出是否购买的决定。因此，销售人员在向客户推销时，最好还是坚守"以诚为上"的原则，把商品的优点和缺点都向客户介绍清楚，这样，你不仅能在客户心目中留下一个良好的印象，也能使客户对你所推销的产品产生信赖，进而决定购买。反之，如果你在推销活动中不遵循"诚能感人"的原则，就会失信于客户，不但达不到销售的目的，甚至还会影响个人的形象和声誉。

真诚的话语往往更能够打动顾客的心，并赢得他们的信任，因为最后的成交是建立在顾客信任的基础之上的。无论销售人员的言辞如何动听、如何讨人喜欢，但如果这些话缺乏真实性，那又怎么能够取得顾客的信任呢？一旦顾客认为你的言辞中包含着欺骗的成分，他们很可能就会马上转身走人。

日本推销之神原一平曾经这样讲："我虽已过古稀之年，但仍保持赤子

第三章 与其滔滔不绝，不如用真诚打动客户的心

之心，因为我认为赤子之心乃是推销的原动力。"他还说过："推销员最需要的是真诚，真诚面对自己，真诚面对别人，这样才能赢得对方的敬重。至今我每天拜访客户，在与对方对坐之时，试图与对方融为一体，以产生强烈的吸引对方的魅力。上述种种行为的秘诀在哪里？其实全赖体内永不消逝的率直、纯真、稚气而已。"

真诚是销售人员最大的资本，真诚是销售人员人格的保证，有了真诚，你才能够做好销售工作，没有真诚，任何成功的机会都会与你无缘。所以说，销售人员只有诚实待人、真心待客，才能赢得客户对自己的尊重和友谊，才能建立起信任和理解，才能促进销售工作的顺利完成。

主动承认过失，将客户的错误揽过来

销售人员在与客户进行业务来往对，不可避免地会发生一些失误或其他一些意想不到的事情，而有些失误可能是客户单方面或者双方共同造成的，这时，你不妨抱着包容的心态，主动地把客户的错误揽到自己身上，勇于承担责任。这是赢得客户的最佳方法。

为什么会出现这样的结局呢？就是因为这家店主从顾客的角度去思考问题，当商品打破时，他首先想到的不是自己的利益而是顾客的感受，他不认为这是顾客的错，相反却检讨自己。把顾客的错误主动地揽到自己的身上，正是他赢得顾客的法宝。

把顾客的错误主动地揽到自己的身上，是一种高级的商界处事原则和

职业素养。销售人员要树立"客户永远是对的"这种理念,不与客户发生争吵,主动承担过失,不论事情如何,都要认真处理,力求让客户满意。

这是一个真实的故事,是德第蒙德尼龙公司创始人德第蒙德先生所亲身经历的,他的公司后来成了世界服装行业最大的衣料供应公司。

有一个早上,一位怒气冲冲的客户闯进了他的办公室,因为德第蒙德公司信用部接连给他发了好几封催款函,要求他归还拖欠的15美元。尽管他不承认有这笔欠款,但德第蒙德公司信用部知道确实是他的问题,所以坚持要他还款。

在收到最后一封催款函后,这位客户来到了芝加哥,怒气冲冲地闯进德第蒙德的办公室。下面就是他们的对话。

德第蒙德:"你好,汉尼,你怎么来了?"

客户:"太过分了!我不但不会支付那笔钱,而且从今以后再也不会订购你们公司的任何货物。"

德第蒙德见对方的火气很大,就没有说话,而是面露微笑地静听对方要说什么。

"我和你们做了这么多年的生意,竟然还会欠你们15美元……我可不是一个喜欢赖账不还的人。"

在客户发牢骚的过程中,德第蒙德虽然有好几次都想打断对方来为自己解释,但是他知道那样做并不能解决问题,所以他就干脆让对方尽情地发泄。当客户最后怒气消尽,能够静下心来听取别人的意见时,德第蒙德才开始平静地对他说:"你到芝加哥来告诉我这件事,我应该向你表示感谢。你帮了我一个大忙,因为我们的信用部如果让您感到了不愉快的话,那么他们同样会使别的顾客不高兴,那对我们来说可真的太不幸了,一定是我们的工作方法出了问题。所以,你一定要相信我,我比你更想听到这件事。"

第三章 与其滔滔不绝，不如用真诚打动客户的心

对方怎么也没有料到德第蒙德会这样说，他本来想和德第蒙德大吵一架，可是德第蒙德不仅没有和他争吵，反而还向他表示了感谢，这大大出乎了他的意料。

德第蒙德明白地告诉客户说："我们要勾销那笔15美元的账，并忘掉这件事。因为你是一个很细心的人，而且只是涉及这一份账目；而我们的员工要负责几千份账目，所以和我们的员工相比，你更不会出错。"这么一说，客户就更加不知该如何回答德第蒙德了。

德第蒙德又告诉客户："我十分清楚你的感受，如果我处在你的位置，我也会和你一样。既然你以后都不想再买我们的产品了，我就再给你推荐其他几家公司如何？"客户感到更不好意思了，就没说什么话。

以前每当这位客户来芝加哥时，德第蒙德总要请他吃饭，所以那天他照例请这位客户吃饭，客户也勉强答应了。但是当德第蒙德回到办公室的时候，为了回报德第蒙德的宽厚态度，这位客户订购了比以前多出许多倍的货物，然后平心静气地回去了。

返回后，这位客户又特意检查了一遍他的账单，结果却找到了那张15美元的账单，原来是自己弄错了，他更加感受到了德第蒙德的善解人意与宽广的胸怀。于是，他立即给德第蒙德公司寄来一张15美元的支票，并向德第蒙德表达了他的歉意。

从此以后，这位客户成了德第蒙德的朋友和忠诚客户，后来，这位客户生了一个男孩，他就为儿子取名叫德第蒙德。

就这件事情本身而言，显然客户是错的，是客户自己没有找到那张账单，德第蒙德可以理直气壮地说明情况，如果这样做，能说德第蒙德错了吗？但他并没有这样做，而是将客户的错误主动地揽到自己的身上。德第蒙德给所有的推销员上了非常生动的一课：即使你能肯定客户百分之百是错的，但是一旦客户坚持他们没有错，那么不妨耐心地去倾听，给他们发泄和

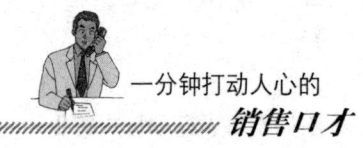

抱怨的机会，等他们平静下来后，再推心置腹地给予同情和合理的答复，这样不但可以消除客户的抱怨，还能赢得客户，使他们最终成为你的忠诚客户。

的确如此。客户错了的时候你据理力争，把客户说得哑口无言，即便客户认识到是自己的错误，心里会舒服吗？心中不悦便不会再来，其结果是你做得再对，最终却失去了客户，与销售的最终目的——通过赢得顾客获得经济效益是相悖的；相反，抱着宽容客户的态度，抱着"客户永远是对的"这样一种理念，以理解的方式处理客户遇到的问题，甚至主动把责任揽过来，达到让每一位客户满意，则与销售的最终目标是一致的。

让客户觉得你所说的话是为他着想

一位美国企业家曾经说过这样一句话："成功是没有秘诀的，如果非要说有的话，那就是时刻站在对方的立场上。"多为别人着想，多了解别人的想法，这不仅仅有益于你和别人沟通，更重要的还是你借此知道别人的"要害点"，做到有的放矢。如果学会时时站在客户的角度上看问题，沟通的顺利程度将会超出你的想象。

站在客户的立场，处处为客户着想，首先就要假设自己是客户。假设自己就是客户，你想购买怎样的产品和服务？自己真正需要的是什么？会如何要求售后服务？这样就能让自己站在客户的立场去看待问题。公正地为客户着想，首先要对自己的产品有信心，而且知道面前的这个客户是不

第三章 与其滔滔不绝，不如用真诚打动客户的心

是需要购买这个产品。不要向一个不抽烟的人销售烟灰缸，因为他不需要这个。

销售人员站在客户的立场上，就比较容易抓住销售的重点。事实上，大多数销售人员对客户所持的态度，与我们所要求的设身处地为客户着想相比，还有很长一段距离。他们最典型的态度往往是："客户为什么要购买那些产品或服务，我对此一点儿也不感兴趣。重要的是，顾客买了产品或服务，而我则拿到了钱。"如此的心态，能够培养长久购买你的产品的回头客吗？显然不能！要想取得客户的信任，关键是要让客户感受到你为他服务的良好态度：是否处处为客户着想，是否站在客户的立场上去看待问题，帮助客户去解决问题。在与客户交往的过程中，要特别注意的就是设身处地地为客户着想，在为客户提出意见和建议时，要告诉客户这样做对他的好处。

销售人员小李就是一个非常为客户着想的人，他在销售的过程当中所坚持的原则就是"做生意先做人"，坚持时刻为客户着想，站在客户的角度上真诚地替他们考虑。也正是因为这样，小李的销售业绩在公司里总是非常出色。

一次，一个外地客户打来电话询问他们想要购买的一些机器的价格等情况。小李听了客户的介绍之后，感到客户要求配置的机型并不是非常合理，虽然按照客户的要求去做，他的销售额会很高，但是他不打算这样做。小李在电话里向客户建议道："我刚才仔细看了您提供的数据，觉得您报的机型配置有点不合理。当然，按照这样的配置使用起来是没有任何问题的，但是在达到同样效果的前提下，机器数量和机型容量都可以减少一些，这样您投入的资金也会适当降低一些。"

"哦，是吗？"对方似乎有些惊奇地回答道，"但这些类型的机器

是厂里规定采购的,而且这也是经过了好几个工程师的测算的,应该不会出现什么错误吧?"小李听到这里,心里一震,他甚至预感到可能会因为自己的专业水平不足而失去这单生意了。但是小李还是心有不甘,在挂断电话之后他又与公司的工程师一起做了一份详细的技术说明和可行性分析报告,并用邮件发到了对方的邮箱里。

一个星期过去了,对方终于来电话了,对方甚至还有些兴奋地告诉小李:"其实我在之前已经打了很多电话进行咨询,可是没有一个人能够像你这样给我讲得这样详细,而且还不忘为我们着想。我现在就把合同传给你,而且我们公司也决定,你们就是我们的长期供货商了!"

无独有偶。一个机械设备推销员,费了九牛二虎之力谈成了一笔价值40多万元的生意。但在即将签单的时候,他发现另一家公司的设备更适合客户,而且价格更低。于是,本着为客户着想的原则,他毅然决定把这一切都告诉客户,并建议客户购买另一家公司的产品,客户因此非常感动。结果虽然这个推销员少拿了上万元的提成,还受到公司的责难,但在后来的一年时间内,仅通过该客户介绍的生意他的销售额就达到了百万元,而且为自己赢得了很高的声誉。

上面的例子让我们知道,客户需要得到适合自己的、能给自己带来实惠的产品和服务,当销售人员真诚地为客户考虑了,让客户感受到了关心,客户才会和你达成交易,甚至和销售人员建立长期的伙伴关系,实现双赢。因此,让客户满意的根本,是让客户感到销售人员是在为客户服务,而不是为了获得他口袋里的钱,这样才能消除彼此之间的隔膜,使客户欣然接受产品。

遗憾的是,很多销售人员一味地关心自己的产品卖出去卖不出去,一味夸赞自己的产品多么多么先进,多么多么优质,而不考虑是不是适合自己的

第三章 与其滔滔不绝，不如用真诚打动客户的心

客户，客户喜不喜欢。这样给予客户的感觉就是你只关注自己的产品，只注重自己能赚多少钱，而没有给予客户足够的关心和重视，因此客户的心理需求没有得到满足，于是会毫不犹豫地拒绝你的推销。毕竟客户购买商品是为了满足自己的需要，客户注重的是如何解决自己的问题，只有当商品和服务确实能够帮助客户解决问题的时候，即使销售人员不去推销，客户也会主动去买。

　　张先生随访问团到了纽约，他在城中的一家玩具店里看中了两个玩具，一个是非常漂亮的米老鼠，一个是男孩子喜欢的汽车模型。于是他询问起价格，打算买给自己的双胞胎儿女。
　　可那位销售人员却问他："先生，您来自中国吗？"
　　"是的。"张先生疑惑地想，难道国籍和买东西有冲突吗？
　　销售人员诚恳地说："先生，如果您来自中国，我建议您就不要买这个米老鼠了！"
　　"为什么？"
　　"因为这是中国生产的。"说完，销售人员特意给张先生看了看"中国制造"的标识。
　　销售人员接着说："您可以买这个新款的芭比娃娃，这是刚刚上市的，国外还没有卖，女孩都很喜欢的。"
　　最后，在这位销售人员的建议下，张先生买了两个新款的芭比娃娃和一个汽车模型。

　　无论是在购买商品时，还是在享受服务时，客户往往都是以自我为中心的，他们首先想到的是自身的利益，希望通过商品和服务解决自己的问题。所以客户关心的是自己，如果销售人员在推销的时候能够站在客户的角度去考虑问题并介绍产品，为客户着想，多为客户打算，让客户感到你

的关心，客户就会主动降低自己的心理防线，对你产生信任，特别乐意接受你的商品和服务。因此，销售人员要懂得推销不是给客户传授知识和说教，而是为其提供服务和帮助，为客户解决问题和困难，这样才能真正赢得客户的心。

第四章
找准赞美点,把话说到客户心坎上

第四章　找准赞美点，把话说到客户心坎上

真诚的赞美架起销售的桥梁

大文豪马克·吐温曾经说过：一句美妙的赞语可以使我多活两个月。细想起来，这句话不无道理。马克·吐温坦诚地说出了我们人类所共同需要的精神食粮——赞美。

在销售口才中，赞美的作用举足轻重，在与顾客进行面对面的交流时，一句简单的赞美往往会带来意想不到的效果。

李明是一名十分优秀的保险推销员。一次公司先后派出10名推销员去向某公司的大老板赵总推销保险，但是都遭到了他的冷遇，理由是自己很忙，没有时间和他们交谈。赵总向来就对推销员没有什么好感，总是避而远之，所以只要有推销员上门，他都会用自己的冷漠使推销员知难而退。李明了解到这样的情况，却还是决定去试试。

到了赵总的办公室，李明开始做自我介绍："赵总您好，我是保险公司的推销员，很高兴见到您。"

说着他便把自己的名片递了上去。赵总瞥了一眼名片便扔在了办公桌上，不高兴地说："又是一个推销员。在你之前已经有好些个推销员光顾我这里了。你高兴见到我，我却不高兴见到你啊！我还有很多事情要做，不能花时间听你们这些推销员唠叨，我没有时间，不要再烦我了。"很明显，赵总已经下逐客令了，并且态度十分冷漠，一般的销售人员肯定都会灰溜溜地离开。但是李明却没有选择就这样离开。

他完全没有理会赵总的态度,而是微笑着对赵总说:"在见您之前,我觉得作为这么大的一个公司的总经理,应该是一个上了年纪的老者,没想到您还这么年轻,能成就这么大的事业,真是不容易啊!"

一句话触动了赵总的心弦,他感慨地说:"是啊,很不容易啊,我摸爬滚打地闯了10年才有今天的事业。"

李明说:"哦,10年啊?那您不就是从十八九岁就开始创业了?那时您一定胸怀大志,斗志昂扬吧!我真是很佩服您,很想听听您的创业史,只可惜您很忙没有时间。"

李明的话勾起了赵总的兴趣,他很少和别人讲自己的经历,而此时有了难得的聆听者,他也不愿意放过,于是就说:"我的经历说来话长啊!不过我今天没有什么安排,如果你感兴趣,我可以讲给你听听。"

李明说:"万分荣幸。"

于是赵总仰靠在自己的老板椅上,态度亲切地讲起了自己的经历。李明很认真地倾听着,并不时地给予赞叹,表达自己的感慨。他们年纪相差不大,交流起来更加融洽,两人很快就熟识起来,到中午的时候,赵总还硬拉着李明一起吃饭,并参观自己的公司。

虽然整个过程中,李明基本上没有提及推销保险的事情,但是他对赵总的事业表现出了极大的兴趣,并对他的创业经历给予了真诚的赞美和欣赏,因此很快就获得了赵总的好感。最后赵总不仅给自己买了保险,还为自己的女儿买了一份。

真诚地赞美顾客,这是令顾客开心的特效药。适时地向客户传递你的赞美和钦佩之意,使客户感觉受到了你的重视和欣赏,这样就很容易获得客户的好感,使客户信赖你,愿意与你来往。

有一次,詹姆士去拜访一位年轻的律师理查德,但理查德对詹姆士

第四章　找准赞美点，把话说到客户心坎上

的介绍和说明丝毫不感兴趣，对詹姆士本人也显得格外冷漠。詹姆士在离开律师事务所时不经意的一句话，却意外地使理查德的态度来了个180度大转弯。

"理查德先生，我相信将来你一定能成为这一行业中最出色的律师，我以后绝对不再随便打扰你，但是如果你不介意的话，我希望能和你保持联系。"

理查德马上反问他："你说我会成为这一行业中最出色的律师，这可不敢当，阁下有什么指教呢？"

詹姆士非常平静地对他说："几个星期前，我听过你的演讲。我认为那次演讲非常精彩，可以说是我听过的最出色的演讲之一。这不仅仅是我一个人的看法，现场的其他人也这样评价。"

这些话听得理查德眉飞色舞，兴奋异常。詹姆士乘胜追击，不失时机地向他请教如何在公众面前发表这样精彩的演讲，他兴致勃勃地跟詹姆士讲了一大堆演讲的秘诀。

当詹姆士离开他的办公室时，他叫住詹姆士说："詹姆士先生，有空的时候希望你能再来这里，跟我聊聊。"

没几年时间，理查德果然在费城开了一间自己的律师事务所，成为费城几位杰出的律师之一，而詹姆士一直和他保持着非常密切的往来。

在与理查德交往的那些年里，詹姆士不时地对他表示关心与称赞，而理查德也不断地拿他的成就与詹姆士分享。

在理查德的事业蒸蒸日上的同时，詹姆士卖给他的保险也与日俱增。他们不但成了要好的朋友，而且通过理查德的牵线搭桥，詹姆士结识了不少社会名流，获得了许多有价值的潜在客户。

每个人都希望得到别人的称赞和关心，客户也是如此。适当地赞美一下你的客户，是唤起客户注意的有效方法。当你赞美客户的成就和优点时，

就会提高他的自我肯定，让他更满意。只要你的赞美是发自内心的，别人就会因为你而得到正面和肯定的影响，他们会对你产生好感，增加对你的满意度。

乔·吉拉德是美国著名的汽车推销员，他的汽车推销纪录已经被载入吉尼斯世界纪录，至今无人打破。他为什么能取得如此辉煌的成就呢？乔·吉拉德本人的总结就是——赞美最能打动客户。

有一对夫妇结婚已经10年了，可一直都没有孩子。因此，太太养了几只小狗，把小狗视为孩子般疼爱。一天，先生一下班，太太便唠叨了起来，说来了一个推销员，看到小狗们在她跟前绕来绕去，却视若无睹，这使得她又伤心又生气，根本就没有心思看那个推销员的东西。

又有一天，先生一下班，太太便兴高采烈地对他说："你不是说要买一辆车吗？我已经约好了雪佛兰汽车公司的推销员乔·吉拉德星期天来洽谈了。"先生一听，甚为不悦："我是说过要换一辆车，但没说过现在就买呀！你为什么要自作主张呢？"太太只好告诉了他事情的经过。原来，雪佛兰汽车公司的推销员乔·吉拉德也是一个爱狗之人，看到这位太太养的狗，便大加赞赏，说这种狗毛色漂亮有光泽，又爱清洁，黑眼圈、黑鼻尖，乃是优良品种。乔·吉拉德的话说得这位太太芳心大悦，如见知音，便对他产生了深深的好感，很快就答应让他星期天来找她的先生进一步详谈。这位先生确实想换一辆新车，但他比较犹豫，一直拿不定主意该换什么车，现在既然乔·吉拉德上门来推销新车，看一看又何妨呢。

星期天，乔·吉拉德依约而至。通过一番交谈后，这位先生很快就被乔·吉拉德说服了，因为乔·吉拉德仿佛能看透这位先生心里的真实想法，句句话都投其所好，令这位先生最后当机立断，买下了他介绍的车。

第四章 找准赞美点，把话说到客户心坎上

在乔·吉拉德的销售生涯中，类似于这样的经历数不胜数。他心里非常清楚：只要你懂得赞美客户，只要你卖的是客户最爱的车，你就能轻而易举地拿到订单。

贴切的赞美往往会迅速缩短销售人员与客户之间的心理距离，从而达成销售的目的。鼓励和赞美你的客户，使客户有一种满足感和成就感，把他当作你的知心朋友，这对你的销售工作有不可估量的促进作用。

找准赞美切入点，客户自然露笑脸

真诚地赞美客户，一直都是销售人员获得客户好感的最有效方法。法国作家安德烈·莫洛亚说过："美好的语言胜过礼物。"在实际生活中，每个人都有一些不同于他人的地方，并常常引以为傲，希望为人所知，受人称赞。销售人员如果能真诚地赞美客户，就可以满足这种心理需求，从而获得其好感。因此，有了适当的赞美机会，销售人员就应该把赞美的话说出来。但值得注意的是，赞美要找准切入点，找出可赞之处，这就需要人们去发现、去挖掘，这也是销售人员最该掌握的一种技巧。

美国华克公司承包了一项建筑工程，要在期限之前在费城建一座庞大的办公大厦。开始时一切都顺利地依计划进行，不料在接近完工时，负责供应内部装饰用的铜器的承包商突然宣布，他无法如期交货了。这是个天大的坏消息，这样一来，整个工程都要耽搁了。华克公司将要付

出巨额赔偿金,就因为这个环节出现了问题。

于是,长途电话不断,双方争论不休,一次次交涉都没有结果。华克公司只好派高先生前往纽约与铜器承包商谈判。

高先生走进那位承包商的办公室,丝毫没有怨气地微笑着说:"你知道吗?在布鲁克林,有这样姓氏的人只有你一个。"

承包商感到很意外:"哦,是吗?我并不知道。"

"哈!我一下火车就查电话簿,想找你们工厂的地址,结果巧极了,这个姓的只有你一个人。"

"我从来不知道。"承包商兴致勃勃地查阅起电话簿来。"嗯,真的,这是一个很不平常的姓。"他有些骄傲地说,"我这个家族从荷兰移居纽约,几乎有200年了。"

他饶有兴致,滔滔不绝地谈论他的家庭及祖先。当他说完之后,高先生仍然没有谈论正题,继续称赞他居然拥有一家这么大的工厂,承包商说:"这是我花了一生的心血建立起来的事业,我为它感到骄傲,如果你愿意,可以随我到车间参观一下。"

高先生欣然前往。在参观时,高先生又一再称赞工厂组织制度健全,机器设备先进,这位承包商高兴极了。他声称这里有一些机器还是他自己发明的呢!高先生马上又向他请教那些机器如何操作,工作效率如何。到了中午,承包商坚持要请高先生吃饭,他说:"到处都需要铜器,但是很少有人对这一行像你这样感兴趣的。"

到此为止,高先生一次也没有提起这次访问的真正目的。

最后吃完午餐,承包商说:"好吧,我们谈谈正事吧。是的,我知道你这次来的目的,但我没有想到我们的相会竟是如此愉快。你可以带着我的保证回费城去,我保证你们要的东西如期运到,我这样做会给另一笔生意带来损失,不过我认了。"

高先生轻而易举地获得了他所急需的东西。那些铜器及时运到,使

第四章 找准赞美点,把话说到客户心坎上

大厦在合同到期的那一天及时完工了。

销售往往就是这样:赞美说得好,产品就畅销。作为销售人员,应该善于观察,找到客户的兴趣与爱好,投其所好,并加以适当地赞美,这样才能够打动客户的心,进而推销成功。

除了通过寻找对方的兴趣爱好作为赞美的切入点外,你还可以将以下几个方面作为赞美的切入点:

1. 对方的特定心境。俗话说:入门休问荣枯事,观看容颜便得知。在赞美别人时,要学会察言观色。一个为事业废寝忘食的人,一夜未眠,便可以说他是"以事业为重,有上进心";一个为了债务焦头烂额、心绪不宁的人,你夸他"事业有成,春风得意",对方也许会认为你是在讲风凉话。

2. 对方的变化。这样做的意义在于指出"你在我心目中很重要,我很在乎你的变化"。如果不是第一次登门拜访,有段时间没有见面,你就可以指出对方的变化,这个时候无论你说对方胖了或瘦了,对方都是很舒心的,当然更多的是指出对方的一些好的变化来让客户感觉舒服。

3. 对方得意的事。见到、听到客户得意的事,一定要及时抓住这个点去赞美。如客户给你看了他小孩的相片,那么一定要夸小孩,你无声地把孩子的话题放过去,他会很不高兴。如果客户升职了,第二天见到他,一定要恭喜一番。

别让不恰当的赞美毁了你的生意

虽说客户都喜欢听赞美的话,但也并不是一切赞美的言论都会令人高兴。赞美的话若说得不得法,不仅达不到预期的目的,反而会引起客户的反感。比如说,有的销售人员与客户面谈,只要看见对方是女的,张口就说:"您长得真漂亮!""您打扮得真好看!"或"您显得真年轻!"像这种一点铺垫都没有的夸奖,太不自然了,很难给对方留下好的印象。

在一位客户的新婚宴会上,新娘长得并不是很漂亮,甚至腿部还稍有残疾。

有一位销售人员为了拉近与身为新郎的客户的距离,便到新人面前赞美道:"从来没有见过这么漂亮的新娘,简直是白璧无瑕,太完美了!"这位销售人员自认为说得很好,实际上他已经得罪了新娘和这位客户。因为大家都知道他的赞美太虚假了,难道新郎不知道新娘的腿有残疾吗?这还能称得上是完美吗?

可见销售人员这种不顾事实的恭维非但没有收到良好的效果,反而有可能引起客户的误解,认为这是在有意讽刺自己。所以,赞美必须符合事实,如果你面对一名长相很普通,甚至可以说还有点难看的客户,却夸她有一张漂亮的脸蛋,这样的赞美是收不到任何好的效果的。最好的办法是选中客户得意的方面进行称赞,这样的称赞夸大一些,客户也不至于气恼。赞美

第四章 找准赞美点,把话说到客户心坎上

是一件好事,但绝不是一件易事。赞美别人时如不审时度势,也会变好事为坏事。

杰克刚刚进入推销行业不久,还是一个处于学习阶段的实习生。

一天,一位前辈带他进行上门推销,希望他能够在实际工作中尽快地学到一些经验。

杰克十分崇拜这位前辈,对前辈的一言一行都仔细观察,用心记住。一天,他发现前辈一见到客户,就笑容满面地说:"我听说您最近又做了不少善事,真是心地善良的人啊,那些穷苦的人能够遇见您,真是他们的幸运。"

本来一脸严肃的客户听见这句话,立即喜笑颜开地说:"哪里哪里,这是应该的。"

于是接下来洽谈的气氛变得融洽许多,被对方拒绝了几次的生意这次也谈成了。

杰克仔细分析,认为就是前辈的那句赞扬的话起到了关键的作用,于是勤奋好学的他将这句话记到了本子上。

前辈终于同意让杰克独立去完成任务了。他的第一个客户是一个玩具商,在见到这位客户之前,杰克做了大量的准备,包括如何用寒暄引入正题、如何说服客户等。在自认为准备得十分充分之后,他敲响了玩具商的门。

杰克见到玩具商一脸严肃,决定先缓和一下气氛,于是他故作兴奋地说:"我听说您最近又做了不少善事,真是心地善良的人啊,那些穷苦的人能够遇见您,真是他们的幸运。"

玩具商听了这些赞扬后目瞪口呆,心想:"我最近根本没做任何善事,这位推销员肯定是记错人了,我不能允许一个不重视我的人待在我的办公室里。"于是玩具商说:"先生,恐怕你是认错人了,我很忙,

请回吧！"

就这样，杰克还没有开口谈正事，就被拒绝了。

这个故事印证了前面说的那个道理：赞美一定要建立在真实的基础之上，尽管人人都希望被赞美，但如果赞美不符合现实情况，被赞美的人往往会产生"他说的是我吗"的想法，同时也会得出"这是一个虚伪的人，他所说的话不值得信任，他推销的商品更不值得信任"的结论。一旦客户得出这样的结论，那么你再能言善辩，也是徒劳的。

销售人员在表扬或称赞客户时要谨慎小心，注意措辞，尤其要掌握以下几个技巧：

1. 赞扬不可暗含对对方缺点的影射。比如这样一句口无遮拦的话："太好了，在一次次半途而废、错误和失败之后，您终于大获成功了一回！"

2. 不能以你曾经不相信对方能取得今日的成绩为由来称赞他。比如："我从来没想到你能做成这件事。"或者"能取得这样的成绩，恐怕连你自己都没想到吧。"

3. 赞美不能用对待小孩或晚辈的口吻说出来，比如："小伙子，你做得很棒啊，这可是个了不起的成绩，就这样好好干！"

总之，赞美就像空气清新剂，可以振奋对方的精神，优化身边的气氛，但也必须清楚，人与人之间的关系如此复杂，如果不首先通达人情，不根据所赞对象的心情及当时的具体情况发表言论，反而乱赞一通，恐怕真的会事与愿违。

第四章　找准赞美点,把话说到客户心坎上

赞美客户要把握原则和分寸

渴望受到赞美是人的天性之一,我们的客户也不例外。在销售中,销售人员不妨抓住客户的这种心理,让客户的自尊心和荣誉感得到满足,这样,客户听到我们对他的赞赏,并感到愉悦和鼓舞,就会对我们产生亲切感,从而使彼此之间的心理距离缩短,客户与我们之间的融洽关系就可以从这里开始,接着就可以很容易地转入正题。

赞美客户,不但能让对方快乐,同时也会使我们自己获得满足。这里有一个规律:若你不能为别人增加快乐,那么,你也就不能为自己增加快乐。因此,如果我们每天都适当地赞美客户,那么,我们将感到自己的快乐指数也在不断上升。我们快乐和积极的心态也会感染到客户,这样,成交也就变得更容易了。

我和船上的外科大夫在轮船抵达直布罗陀后,上岸去附近的小百货店购买当地出产的精美的羊皮手套。店里有位非常漂亮的小姐,她递给我一副蓝手套。我不要蓝的,她却说,像我这种手戴上蓝手套才好看呢。她这一说,我就动了心,偷偷地看了一下手,也不知怎么的,看起来果真相当好看。我想将左手的手套戴上试试,结果脸上有点发烧——一看就知道尺寸太小,戴不上。

"啊,正好!"她说道。

我听了顿时心花怒放,其实心里明知道根本不是这么回事,我用力

一拉，可真叫人扫兴，竟没戴上。

"哟，瞧您肯定是戴惯了羊皮手套！"她微笑着说，"不像有些先生戴这种手套时笨手笨脚的。"

我万万没有料到竟有这么一句恭维的话。我只知道怎么去戴好手套。我再一使劲，不料手套从拇指根部一直裂到手掌心去了。我拼命想遮掩裂缝，她却一味大灌迷汤，我的心也索性横到底，宁死也要识抬举。

"哟，您真有经验（手背上开口了）。这副手套对您正合适——您的手真细巧——万一绷坏了，您可不必付钱（当中横里也绽开了）。我一向看得出哪位先生戴得来（照水手的说法，这副手套的后卫都'溜'走了，指节那儿的羊皮也裂开了，一副手套成了叫人看了好不伤心的一堆破烂）。"

我头上给戴了七八顶高帽子，没脸声张，不敢把手套扔回这天仙的纤手里去。我浑身热辣辣的，又是好气，又是狼狈，戴上美女的高帽后心里还是一团高兴，恨只恨那位仁兄居然兴致勃勃地看我出洋相。我心里真有说不出的害臊，嘴上却说："这副手套倒真好，恰恰合手。我喜欢合手的手套。不，不要紧，小姐，不要紧，还有一只手套，我到街上去戴，店里头真热。"

店里真热，我从来没有到过这么热的地方。我付了钱，好不潇洒地鞠了一躬，走出店堂。我有苦难言地戴着这堆破烂，走过这条街，然后，将那丢人现眼的羊皮手套扔进了垃圾堆。

这个故事出自美国著名作家马克·吐温的《傻子出国记》。作家以第一人称的手法，诙谐、夸张而又淋漓尽致地描述了赞美在推销中的作用。

这家小百货店里的美丽小姐，为了说服顾客买她的羊皮手套，恰到好处地利用人们心理和情感等方面存在着的弱点，抛出一顶顶高帽子，让顾客不由自主地跨入她设置的"陷阱"。

第四章 找准赞美点,把话说到客户心坎上

而这位爱面子、好虚荣、重尊严的顾客,宁死也要识抬举,于是在被灌了一肚子迷魂汤后,在心里"害臊"和面上"开开心心"的矛盾心情下,戴着"丢人现眼"的破烂羊皮手套走人。

这里,漂亮的店员小姐紧紧抓住顾客的心理弱点步步进攻,导致顾客不能做出理性的选择而臣服在她的脚下。

人人都有虚荣心,都喜欢听恭维的话。在推销过程中,适当地赞美顾客,给顾客戴顶高帽子,让顾客陷入自我陶醉之中,就很容易达成交易了。

既然赞美如此有用,我们不妨现在就开始对赞美学以致用吧。然而,赞美也是一门艺术,要做到轻松自如,得心应手,也需要一定的技巧。那么,在赞美客户的时候,我们应该注意哪些要点呢?

1. 赞美客户时要抓住客户的心理。陈词滥调往往是在不深入了解客户心理的情况下说出来的疲于应付的话,无的放矢,没有目标。只有把握住客户的脉搏,才能知道客户此时的心情和需要,给予别出心裁的赞美。

2. 赞美要具体、深入、细致。抽象的东西往往不具体,难以给人留下深刻印象。如果称赞一个初次见面的客户"你给我们的感觉真好",那么这句话一点作用都没有,说完便过去了,不能给人留下任何印象。但是,倘若你称赞一个人"为人办事的原则和态度非常难得,无论给他多少货,只要他肯接,就绝对不用你费心",你就挖掘了对方不太明显的优点,增加了对方的成就感,因此赞美起的作用就会很大。

3. 赞美要热情洋溢。漫不经心地对客户说上一千句赞扬的话,也等于白说。缺乏热情的空洞的称赞,并不能使客户高兴,有时还可能引起客户的反感和不满。

4. 赞美要与众不同。在称赞客户的时候,要明白无误地告诉他,是什么使你对他印象深刻。你的赞赏越是与众不同,就会越清楚地让客户知道,你曾深入地了解他并且清楚地知道自己现在有此表达的愿望。

称赞客户具备某种你所欣赏的个性时,你可以列举事例为证。比如,他

提过的某个建议或采取过的某一行动:"对您那次的果断决定,我还记忆犹新呢。这个决定使您的利润额上升了不少吧?"

应尽量点明你赞赏他的理由。不仅要赞赏,还要让对方知道你为什么要赞赏他:"当时您是唯一准确地预料到这一点的人。"

如果可能,不妨有选择地给你的一些客户或合作伙伴书面致函,表示你对他们的欣赏。只要你有充足的理由,完全可以把你的赞美之词诉诸笔墨。书面赞赏的效果往往非常好,"赞扬信"不会被无故丢弃。如果你的文笔既有深度又与众不同,对方还会百读不厌。

5. 赞美要因人而异。即使是因为相同的事由,你也不应以同样的方式来称赞所有的客户。不要去找任何时间、任何场合下对任何客户都适用的赞赏"万金油",它是不存在的。要避免给客户留下"这人对谁都讲那一套"的坏印象。

在很多人参加的聚会中,你千万不要搬出刚称赞过其中某一位的话,再次恭维其他人。还是仔细想一想,每位顾客与他人相比,到底有何突出之处,这样就能因人而异、恰到好处地赞扬别人。

6. 赞美要选择恰当的机会。赞美客户时,不要突然没头没脑地就大放颂词。你对顾客的赞赏应该与你们眼下所谈的话题有所联系。请留意你在何时以什么事为引子开始称赞对方。对方提及的一个话题,他讲述的一个经历,也可能是他列举的某个数字,或是他向你解释的一种结果,都可以用来作为引子。如果客户没有给你这样的机会,你就自己"谱"一段合适的赞赏"前奏",使得对方不致觉得这赞扬来得太突然。不妨用一句谦恭有礼的话来开头:"恕我冒昧,我想告诉您……""我常常在想,我是不是可以说说我对您的一些看法……"这种"前奏"还有两大功用:一是唤起对方的注意力,二是使你的称赞显得更加恳切诚挚。

7. 赞美并非越直接越好。有时,间接的赞美更能打动客户的心。比如说,对方是个年轻的女客户,为了避免误会,不便直接赞美她。这时,不如赞美她的丈夫和孩子，这比赞美她本人还要令她高兴。也可以借用第三者的口吻来赞美，比如说："怪不得玛丽说您越来越漂亮了，刚开始我还不相信，这回一见可真让我信服了。"这就比说"您真是越来越漂亮了"更有说服力，而且可避免轻浮、奉承之嫌。

找到客户身上的闪光点

古语有云："良言一句三冬暖，恶语伤人六月寒。"销售人员在与客户见面时，善于发现客户的闪光点，并真诚地给予赞美和欣赏，只是简单的几句话语，却往往可以收到意想不到的效果。

比恩·崔西是美国的一位图书推销高手，他曾经说："我能让任何人买我的图书。"他推销图书的秘诀只有一条：善于赞美顾客。一次，他去推销自己的书，遇到了一位非常有气质的女士。这个时候，比恩·崔西刚刚开始运用赞美这个法宝。当这位女士听到他的赞美时脸一下子就阴了下来："我知道你们这些推销员很会奉承人，专挑好听的说，不过，我不会听你说的鬼话的。你还是节省点时间吧。"但是比恩·崔西却微笑着对她说："是的，您说得很对，推销员专挑那些好听的话来讲，甚至会说得别人昏头昏脑的，像您这样的顾客我很少遇到，特别有自己的主见，从来不会受别人的影响。"这时，细心的崔西发现，这位女士的脸已由阴转晴了，她问了崔西很多的问题，崔西一一回答。最后，崔西开始高声赞美道："您的形象反映了您高贵的个性，

一分钟打动人心的
销售口才

您的语言反映了您敏锐的头脑，而您的冷静衬托出了您的气质。"女士听完崔西的一番言论后，高兴地笑了起来，很爽快地买了一套书籍。后来，她又在崔西那里购买了上百套书籍。随着推销经验的日渐丰富，比恩·崔西总结了一条人性定律：没有人不爱被他人赞美，只有不会赞美别人的人。

一天，比恩·崔西到某家公司推销图书，办公室里的员工选了很多书，正要准备付钱时，忽然进来一个人，大声道："这些跟垃圾似的书到处都有，要它们干什么？"崔西正准备向他展露一个笑脸，那人边说边走了过来："你别向我推销，我肯定不会要，我保证不会要。""您说的是对的，您为什么要这些没用的书呢？您一定是一位知识渊博的人，很有文化素养，很有气质，要是您有弟弟或者妹妹，他们一定会以您为荣，一定会很尊重您的。"崔西微笑着，不紧不慢地说。"你怎么知道我有弟弟妹妹的？"那位先生有点感兴趣地问道。崔西回答："第一眼看到您，就觉得您很有大哥风范，我就想，如果谁能有你这样的哥哥，一定是上帝非常眷顾的人。"结果，那位先生就以大哥教导自己弟弟的语气对崔西说话，两个人聊了很长时间。最后，那位先生以支持崔西这位兄弟的工作为由，为他自己的弟弟选购了几套书。崔西在当天的日记中写道："其实，我心里很明白，只要能够跟我的顾客聊上三分钟，他不买我的图书，那是不可能的。因为，无论做人还是做事，要改变一个人，最有效的方式就是'传递信心，转移情绪'。"同时，他也写下了一条"人性定律"："人是感性左右理性的动物。若一个人的感性被真正调动了，那么，他想拒绝你比接受你还要难。而要想迅速控制一个人的感性思维，最有效和最快捷的方法就是恰如其分地赞美他。"

想要赞美和欣赏客户，就要善于发现客户的优点与长处，而不是将他身上的缺点与短处讲给他听。告诉客户你欣赏他的地方，有时客户自己可能都

第四章 找准赞美点，把话说到客户心坎上

没有注意到，但是由你说出来，客户就会对你高看一眼。赞美并非一定要通过言语来表达，有时一个眼神、一个手势或一个动作，也可以传递出同样的赞美的含义。

1960年，法国总统戴高乐访问美国，在时任副总统的尼克松为他举行的一次宴会上，尼克松夫人费了很多的心思布置了一个鲜花展台，在一圈马蹄形的桌子中央，用鲜艳夺目的热带鲜花衬托着一个精致的喷泉。戴高乐一眼就看出这是主人为欢迎他而精心准备的，不禁赞不绝口："您真是用心，您一定花了很多时间来进行计划与布置。"尼克松夫人听后，喜悦之情溢于言表。也许在其他人看来，尼克松夫人布置的鲜花展台不过是她作为一位副总统夫人的分内之事，没什么值得赞美的；但戴高乐却能领悟到她的苦心，并因此向她表示了特别的肯定与感谢，从而使尼克松夫人异常高兴。

称赞一个人时，与其称赞他最大的优点，不如去发现他不显眼的甚至连他自己也未曾留意的优点。因为他最大的优点已成为他性格中的一部分，在任何人看来都已不足为奇了。如果经常称赞一个人这样的优点，可能会让这个人产生反感；而那些小小的优点，因为从未或很少有人发现，因此也就显得弥足珍贵。而你的发现与称赞使客户增加了对自己的认识，也获得了一次重新评估自我价值的机会。同时，你不同凡响的观察力还会获得客户的看重。

杰克是一家电力公司的销售代表，一天，他来到一所比较整洁的农舍门前，敲了敲门，门只打开了一条缝，女主人切尔太太从门内看着他。当她得知杰克是电力公司的销售代表后，便猛地把门关上了。

虽然出师不利，杰克却并不认输。他决定换个法子，再碰碰运气。他再次敲开门，门还是只开了一个缝，他大声地说："切尔太太，很对

一分钟打动人心的
销售口才

不起打扰您了,不过我今天来拜访您并非为了公司的事,我只是来向您买一些鸡蛋。"听到这些话,切尔太太的态度稍微温和了一些,门也开大了一点。杰克接着说道:"您家的鸡长得真好,瞧,它们的羽毛多漂亮、多光滑。您这些多明尼克种鸡下的鸡蛋,能否卖给我一些呢?"

门开得更大了,切尔太太奇怪地问杰克:"您怎么知道我这些是多明尼克种鸡?"杰克知道自己的话已经打动了切尔太太,便接着说道:"我家也养了一些鸡,可是没有您喂养得这么好,饲养得这么好的鸡我还真是没见过呢。而且我饲养的鸡,只会生白蛋,也不知道您有什么技巧。夫人您是知道的,做蛋糕的时候,用红褐色的鸡蛋要比白色的鸡蛋好得多。我太太今天要做蛋糕,需要一些红褐色的鸡蛋,所以我就跑到您这里来了。"

切尔太太一听这话,感到高兴万分,于是不再有戒备心理,立刻从屋里出来了。杰克则利用这短暂的时间,瞄了一下四周的环境,发现切尔一家拥有整套的制酸奶设备,于是继续恭维道:"我敢打赌,您养鸡一定比切尔先生养乳牛赚得多。"

这句话说到了切尔太太的心坎上,她十分高兴。因为长期以来,她的丈夫都不承认这件事,切尔太太则总想把自己的得意事告诉别人。他们互相交流养鸡经验,相处得十分融洽,几乎无话不谈。

最后,切尔太太戴着杰克送给她的高帽子,主动向他请教用电的好处,杰克做了详尽的回答。两周后,杰克所在公司收到切尔太太交来的用电申请书,后来,杰克便源源不断地收到这个村落的用电订单。

赞美就是对客户的能力和品格进行美化,这是销售成功必备的环节。想想看,谁不愿意听到美化自己的言语呢?谁又会不认同美化自己的人呢?找到客户身上的闪光点,将它在合理的范围内适当放大,相信你总会受欢迎的。

第五章
推介产品,要善于给产品打广告

第五章　推介产品，要善于给产品打广告

寻找产品卖点，用卖点征服客户

销售人员在向客户介绍产品时首先要弄清楚，哪些是产品的基本性能特征，哪些又是产品的卖点。一般来讲，产品的性能特征就是指产品的具体事实，如产品的功能特点和具体构成，而产品的益处指的是产品对客户的价值，也就是该产品的卖点所在。在介绍产品时，要把产品的特征转化为产品的卖点，如果不能针对客户的具体需求说出产品的卖点，客户就不会对产品产生深刻的印象，更不会被说服购买。如果针对客户的需求强化产品的卖点，客户就会对这种特征产生深刻的印象，从而被说服购买。

一位售房人员带着一对夫妻去看一幢老房子。当这对夫妻走进院子时，售房人员注意到妻子很高兴地对她的丈夫说："亲爱的，你看，这院子里有棵樱桃树！"

当这对夫妻走进房子的客厅时，他们发现客厅的地板已经非常陈旧，脸上顿时露出不悦的神情。售房人员立即在旁边对他们说："这间客厅的地板是有些陈旧，不过，你们没有发现吗？这幢房子的最大优点就是当你们站在窗边，透过窗户向外望去，就可以看到院子里的那棵樱桃树。"

当这对夫妻走进厨房时，他们发现厨房里的设备也很陈旧。售房人员接着又说："厨房的设备的确有点陈旧，但是，你们每次在厨房做菜时，向窗外望去，都可以看到那棵美丽的樱桃树。"

后来,他们又陆续发现了房子的不少缺点,但每次那位售房人员都会强调:"没错,这幢房子是有不少缺点,但这幢房子有一个特点是其他所有房子都没有的,就是你们从任何一个房间的窗户向外看,都可以看到院子里的那棵美丽的樱桃树。"

最后,这对夫妻花了60万元买了那棵"樱桃树"。

在上面的事例中,"樱桃树"就是该房屋的最大卖点,所以销售人员每次都会强调,加深了客户的印象,最终打动了客户。

从销售的角度来说,没有卖不出去的产品,只有卖不出去产品的人。因为聪明的销售人员总可以找到一个与众不同的卖点将产品卖出去。产品卖点是指产品销售的独特主张,即产品具备的别出心裁或与众不同的地方,也就是顾客购买该产品能够得到的特殊利益点。

产品要拥有与其他同类产品不同的卖点,才会吸引客户在选择过程中选你的而不是他的。一个没有卖点的平庸产品是没有销售优势的,其销售难度可想而知,这一点对市场销售人员而言无疑是最可怕的。所以在销售的过程中一定要突出产品的卖点,否则客户会问:"市场上产品这么多,我凭什么买你的,你的产品有什么好处?"

有一次,一位培训讲师接到中国移动的一名电话营销人员推荐"中文秘书服务"的电话。这位电话营销人员非常聪明,因为他能在很短的时间内抓住培训讲师对产品最感兴趣的地方进行有针对性的介绍,最后,培训讲师申请开通了这项服务。

具体对话如下。

电话营销人员:李老师,您好!我是中国移动广州分公司的营业代表,我看过您写的书,您的书写得真的太好了,对我的工作帮助真的很大。

客户:谢谢你的鼓励。

第五章　推介产品，要善于给产品打广告

电话营销人员：李老师，移动公司最近推出了一项新的服务——"中文秘书服务"，我觉得非常适合像您这样经常在外做培训的专业讲师，您现在使用了吗？

客户：我还是第一次听说。

电话营销人员：是吗？那算咱们有缘，我建议您不妨体验一下。

客户：你能详细说明一下吗？

电话营销人员：当然可以，李老师，我知道您经常做培训，而在培训时，一般是不可以随便接听电话的，对吗？

客户：是呀。

电话营销人员：李老师，如果是这样，当遇到重要客户打电话给您时，您如何处理呢？

客户：等课程结束后再回过去。

电话营销人员：那也是，我有一些从事培训工作的客户，他们说有时手机显示的是IP电话号码，这样就没法回复了，而且有时回过去是总机电话，问了半天也不知道是谁打来的，您怎么解决这些问题呢？

客户：那就只好再等对方打过来了。

电话营销人员：如果是这样，一定会影响到您与客户的正常联系，是吗？

客户：你刚才说的"中文秘书服务"有办法解决这个问题吗？

电话营销人员：移动公司推出的"中文秘书服务"就是针对以上我们谈到的实际问题而专门开发的一项增值服务。这项服务让您在不方便接听电话时，将电话转到移动公司的中文秘书台，就好像是您有一个秘书在为您服务一样。而转到中文秘书台后，客户可以留言，也可以留电话号码，然后移动公司会把留言和电话号码及时以短信的方式发送到您的手机上，让您随时随地都知道是谁打电话给您的，以及找您有什么事情等，这样，对您来讲就方便多了，是吧？

客户：这项服务的收费情况如何？

电话营销人员：每月只收取10元的服务费，比您请个秘书划算多了，对吧？

客户：怎么办理呢？

电话营销人员：李老师，办理这个业务其实很简单，只要您现在同意，我马上就可以帮您办理。您看可以吗？

客户：好吧，你给我办理一个。

看，一项生意就这样成交了。在与客户的沟通中，销售人员需要把自己的产品优势充分地展现出来，这样有利于打动客户。但销售人员首先需要弄清楚，产品具备哪些卖点，也就是说要提炼出产品的卖点。

独特卖点可以与产品本身有关，有时候，也可以与产品无关。独特卖点与产品有关时，可以是产品的独特功效、质量、服务、价格、包装等；当与产品无关时，这时销售的就是一种感觉、一种信任。

提炼一个好的产品卖点，可以引起消费者的强烈共鸣，并激发他们对产品的关注和好感。销售人员跟顾客推介产品的卖点时，一定要结合顾客的实际需求和喜好，用顾客喜闻乐见的语言表达出来，在销售过程中灵活运用，把"要顾客知道"转化成"顾客要知道"。

销售人员提炼产品卖点要注意以下几个原则：

1. 能够赢利。卖点的提炼属于商业行为，那么能够赢利无疑是它的第一原则。不能产生利润的卖点是没有意义的。

2. 和产品的核心益处有足够的联系。卖点不必锁定在产品所提供的核心益处上，卖点不一定就是核心益处；只要能够和核心益处建立起联系，就可以考虑成为产品的卖点。卖点提炼的前提是和产品的核心益处有足够的联系。

3. 必须是产品确实存在的益处。我们的承诺要真的能够满足消费者的需求，卖点中所体现出的竞争优势也必须是实实在在存在的。

4. 卖点要引人关注。卖点尤其要引起目标消费群的关注，否则说了半天

第五章 推介产品,要善于给产品打广告

不就白说了吗?现在是注意力经济时代,抓住人们的眼球和耳膜很重要。比如,几个直销员都说自己的洗发水无毒无害,你说我说大家都说,关注度自然就下降了,如果这时突然有人站出来喝洗发水,关注度不就又上去了吗?这当然只是说要想出一些新奇有效的办法引起客户的关注,并不是要你真的喝。

5. 产品的卖点一定要让人听清楚。这方面手段很多,有编成歌词的,有玩文字游戏的,等等。

6. 卖点有时效性。卖点是目标消费者所关注和需求的,而消费者的关注和需求是不断变化的,这就决定了卖点有时效性的特点。

总之,只要善于发现,每一种产品都会有它的独特卖点。顾客通常只会对这样的卖点感兴趣。发现顾客对某一个独特卖点感兴趣时,销售人员应及时强调产品的独特卖点,把顾客的思维始终吸引在独特卖点上,促使其最后做出购买的决策。

为客户描绘一个美好的画面

在销售的过程中,销售人员不仅要向客户解说产品,而且还要运用生动形象的语言给客户描绘一幅使用产品后的美好画面,这样就会极大地激起客户对这个画面的向往,并有效刺激客户的购买欲望。

先让我们看看下面这个事例:

假如你的一个女性朋友的男朋友向她求婚了,她将这个好消息告诉了你。下面有三种表达方式,请问其中哪一种方式最能感染你,最能让

你感同身受呢?

第一种:"我男朋友今天在西餐厅向我求婚了。"

第二种:"今天吃晚饭的时候,我男朋友在西餐厅里拿着999朵玫瑰和一颗钻戒向我求婚了。"

第三种:"今晚,我和男友在西餐厅用餐。中途他去了洗手间,好长时间也没回来,我正在纳闷,西餐厅的灯光突然暗了下来,还传来小提琴的声音,一个聚光灯打在我身上,我真的很惊讶,不知道怎么回事。小提琴手越走越近,拉的居然是《结婚进行曲》。这时我看到了我的男朋友,他穿着优雅的燕尾服,推着一辆车,车上放了999朵玫瑰,前面还有一颗璀璨的钻戒,他慢慢地向我走过来!天哪,他是在向我求婚!"

在三种表达方式中,显然第三种最具感染力。其原因在于她用富有感情色彩的语句将当时的每一个细节生动地描绘出来,为我们勾勒出一幅非常浪漫的求婚画面,在我们的脑海里就像有一部电影一直在放映,让我们也感同身受。

从这个事例中,你会发现人的思想对图像会产生深刻的记忆和印象,所以在介绍产品时,我们可以为客户勾画出一幅使用产品的画面,让客户提前拥有幸福的感觉。

销售人员在接待一位打算购买宝马汽车的客户。

销售人员:"先生,您想要什么车型?我们有315、318、525、520、735、745等几种型号。"

客户:"我喜欢宝马Z3的敞篷车。"

销售人员:"先生好眼力,这款车有红色、蓝色、白色以及黑色的。"

客户:"红色的不错。"

第五章　推介产品，要善于给产品打广告

销售人员："是啊，这辆红色的宝马Z3敞篷车，里面是米白色的皮椅，而且开着天窗……"

上例中，销售人员一步一步地勾画出了客户需要的车的图像，而且图像越清楚越形象，所能发挥的力量就会越来越大。当销售人员把一幅美妙的图画"销售"给客户的大脑之后，就会发现从现在开始不是你一个人在跟客户沟通，客户的大脑也在跟自己沟通，他必须要购买这样的产品，因为你已经为他勾勒出了购买产品之后的美妙画面。

卖花女孩向一位路过的小伙子兜售鲜花。小伙子说，你的鲜花太贵了。卖花女孩说，送给女孩子最好的礼物就是鲜花，而且要在众人面前送给她最漂亮的花！假如你捧着一束花去见她，你的女朋友会是什么表情呢？我想她一定会含情脉脉地看着你，脸上洋溢着幸福的笑容，会在众人羡慕的眼光中给你一个最热烈的拥抱的。听到这里，小伙子立即掏出了钱包。

上例中，卖花女孩通过生动形象的语言给小伙子描绘了一幅买花后送给女友的美好画面，激起小伙子对美好画面的向往，从而购买了鲜花。这就是让客户由心动变为行动。试想一下，听到这样一段有诱惑力的话，哪个客户能不动心呢？

例如，钢琴快介绍结束时，销售人员向准备为女儿买钢琴的母亲说："我想用不了多久，您女儿一定能在学校的表演厅里为大家演奏曲子了。"

翡翠饰品快介绍完毕时，销售人员对一位30岁左右的女士说："您看，这块翡翠的绿色就像春天的嫩草一样；再看这水头多足，润润的，好似一汪水，晶莹剔透。在炎热的夏天，您佩戴着这枚翡翠挂件，即便走在喧闹的人群里，它也能给您带来宁静、舒爽的心情。"

吊坠饰品快介绍完毕时，销售人员对购买饰品的年轻时尚的女顾客说：

"这款吊坠可是由我公司的法国设计师刚刚设计出来的,看上去是不是很别出心裁啊!这款吊坠的特别之处在于它有多种用途。夏天,您穿上一件米白色的连衣裙,再佩戴上这款吊坠走在人群里,一定会吸引许多路人的目光;秋冬季节,您还可以用项链将它挂于胸前,作为毛衣链来使用。您与朋友一同去喝茶,当您将外套脱下时,大家一定立马注意到您胸前这枚新颖时尚的毛衣链。争着问您是在哪儿买的。平时,您还可以为它打上漂亮的绳结拴在皮包上或手机上,真是别具一格的饰品,您说是吧!"

你看,在介绍产品时,用生动的语言为客户描绘一个美好的画面,可以让客户有身临其境的感觉,并有效刺激客户的购买欲望,帮助销售人员更好地达成销售。事实证明,销售人员为客户勾勒的图画越美满、越幸福,就越有吸引力,越能打动客户。

值得注意的是,介绍产品时要以客户的"心理体验"为核心。客户不仅消费商品本身,更希望借助消费行为来表达和传递某种意义和信息。一般说来,客户希望表达、传递的内容包括自己的地位、身份、个性、品位、情趣和文化认同等。所以在介绍产品时,销售人员一定要围绕客户的这种核心诉求做文章,用富有感情色彩的语句勾勒出美好的图景,以最大限度地满足客户的心理体验要求。

让客户亲身体验产品特质

介绍产品是销售中必经的阶段,也是让客户拿主意的关键阶段。如果销售人员能够提供生动的描述,并加上客户的亲身感受,往往可以让客户产生购买的欲望。销售人员在向客户推荐产品时,一定要让对方不仅听到,而且

第五章　推介产品，要善于给产品打广告

还要看到，甚至要摸到，必要时还要当场示范。一旦让客户亲身参与到产品展示中体验产品，可以使产品展示的效果加倍。如果销售人员所销售的产品品质优秀，那么客户在参与产品展示的过程中，就会青睐于产品的品质，从而立即喜欢上这款产品，更乐意马上购买。

曾经有这么一位啤酒推销员，用一个非常简单的演示，大大促进了他的产品销售。每当他到饭店、旅馆、餐厅或一些其他地方拜访潜在顾客时，他总是这样说："您好！我是×××，我来这儿，并不是想向各位销售什么产品，只是想请大家配合我做一个简单的试验。"

在得到了潜在顾客的同意后，他会打开一瓶潜在顾客正在饮用的品牌的啤酒，再打开一瓶自己品牌的啤酒，然后从每瓶酒中各倒出一杯，盖住瓶盖，最后请潜在顾客将两瓶酒放到冰箱里。

一个星期以后，他会再次拜访这个潜在顾客，从冰箱里拿出两瓶酒，重新打开之后，他的啤酒与第一次打开时一样泡沫丰富，而潜在顾客之前所饮用的那瓶啤酒几乎没有什么泡沫了。他的演示打动了绝大多数潜在顾客的心，他们纷纷向他订货。

这就是演示的作用，也是销售人员要高度重视演示的原因。有说服力的演示，在一定程度上可以极大地促进产品的销售，良好的销售陈述，能将自己所销售的产品与其他公司的产品明显地区别开。最重要的一点是，演示可以很直接地减少顾客的异议。

古语曾说："耳听为虚，眼见为实。"尽管有的时候顾客也许不会听销售人员所说的话，但是他们都不会怀疑自己的眼睛所看到的事实。在销售人员进行演示时，顾客可以从中了解到很多自己想要了解的知识，产品能取得顾客的信任和认可，自然就会减少顾客产生异议的可能性。

有一位陈先生，曾在一家汽车修理厂工作，同时也是一位极活跃的

推销员，不管新车或旧车，总是自己开着去拜访顾客。

"这部车子，我正要将它送到买主那里，张先生，您也可以顺便看一看，如何？我想把有缺点的地方修理好了再送去，只要张先生你这样有经验的人说一声'好'，我就可以放心了。"

陈先生一边说着一边和顾客一起驾驶这辆车子，开了一段路后，他开始征求顾客的意见："张先生，怎么样？您有没有什么指教？"

"我觉得方向盘好像松了一点。"

"好！您真是高明！我也注意到这个部分有问题，还有没有其他意见？"

"引擎很不错，离合器也很好。"

"好！好！您的确是很有经验，佩服！佩服！"

"陈先生，这辆车子要卖多少钱？我不是想买，只是打听打听行情。"

"这样的车子，您一定晓得值多少，您能出多少钱？"

假定这时生意还是没谈成的话，可以一边试车一边再商量，最后必可做成这笔生意，尤其是推销旧车子，有接近100%的成功率。

这些销售方法，并不限于推销汽车，要推销别的商品也是同样的道理。比如你是经营原料生产企业的，可以提供一部分试用机器，请顾客亲身体验一番；推销食品的，可以让顾客人先品尝一下；推销药品的，不妨把试验统计结果告诉顾客，等等，都不失为推销商品的好办法。

事实证明，让客户亲身体验可以带来更高的销售效率，省去销售人员的许多口舌，不需要销售人员再费尽心机地去说服客户。

周伟是一家生产工业洗涤灵的公司的销售人员。他的客户涉及很多行业，有医院、高等学校、宾馆、饭店、娱乐中心和其他一些大型企业。周伟在向一个大医院销售产品时遇到了困难，这家医院用的产品是

第五章　推介产品，要善于给产品打广告

一家知名企业的产品，而且医院对这个产品也很满意，双方合作关系很不错。

刚开始的时候，无论周伟怎样介绍，医院都以对目前使用的产品很满意为由拒绝了。鉴于这种情况，周伟设计了一个演示方案。在下一次拜访该医院的时候，他随身带了两块锡箔，他将这两块锡箔放在院长的办公桌上，然后在上面分别放了少许自己所销售的产品和该医院正在使用的产品，并滴上了几滴水。

过了一会儿，竞争厂家的产品开始冒泡，并很快将锡箔烧穿了一个洞，而滴上周伟所推荐的洗涤灵的那块锡箔却完好无损。这说明该医院现在正在使用的洗涤产品会严重损害医院的设备。于是，周伟拿到了他想要的订单。

常言道：百闻不如一见。推销人员的语言无论多么生动，其效果也比不上让消费者亲眼看一看产品的特质和效能。实证比巧言更具有说服力，不论销售人员销售的是什么，如果都能想方设法展示商品，并让客户亲身参与，就能够吸引他们，掌握住他们的心理，从而有更大的把握将产品销售出去。

那么，如何让客户参与到产品展示中来呢？

1. 让客户参与到问答等交流活动中来。销售人员在做产品介绍时，如果用问题结束每一次产品描述，可以更有效地让客户参与到展示中。例如，销售人员刚刚介绍完一款印刷产品的品质，就可以问问客户，他对印刷的质量感觉如果，或者最喜欢的机器型号是哪一个。然后，不用停顿太久便转到下一个要点，因为停顿太久会使客户的心思分散，产生其他的想法。例如，他或许会考虑往后拖拖，或仔细考虑一下价格。

让客户参与到问答等交流活动中来，可以让销售人员比较好地掌握产品展示的场面和效果。而且，问答的形式可以让销售人员更好地引导客户，让其最终做出购买的决定。

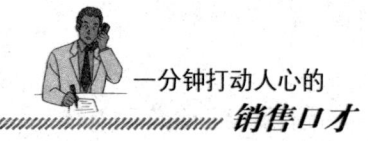

2. 让客户亲身体验产品特质。优秀的销售人员会积极创造让客户亲身体验产品特质的机会，一旦客户对产品有了一些切身体会，他们就更容易联想起拥有产品之后的感受。所以，对于销售人员来说，完全没有必要不舍得让客户使用自己的产品，客户只有亲眼看到效果，亲自感受到产品的好处，才能乐意购买产品。

3. 销售人员要有欣赏自己产品的态度。销售人员要想取得理想的展示效果，在向客户展示产品时，就必须表现出欣赏自己产品的态度。而如果销售人员一点也不欣赏自己的产品，在展示产品时必然会自觉或不自觉地显露出来，这时细心的客户会觉得连销售人员自己都不欣赏自己的产品，那这肯定不会是好的产品。

让不专业的客户听懂专业的介绍

通俗易懂的语言最容易被大众所接受。无论你的话多么动听、内容多么重要，沟通最起码的原则是对方能听得懂你的话。

有一个秀才去买柴，他对卖柴的人说："荷薪者过来！"卖柴的人听不懂"荷薪者"（担柴的人）三个字，但是听得懂"过来"两个字，于是把柴担到秀才前面。

秀才问他："其价如何？"卖柴的人听不太懂这句话，但是听得懂"价"这个字，于是就告诉秀才价钱。

秀才接着说："外实而内虚，烟多而焰少，请损之（你的木柴外表结实，里头却是空的，燃烧起来，会浓烟多而火焰小，请减些价

第五章 推介产品，要善于给产品打广告

钱）。"卖柴的人因为听不懂秀才的话，于是担着柴就走了。

故事中秀才的生活环境和文化修养显然与卖柴人有很大的差异，而秀才在与卖柴人沟通的时候，却用了很多书面语言，这些语言完全与卖柴人日常所处的语言环境没有交集，因此，秀才每讲一句话都会让卖柴人费解半天，所以最后，双方的交易无果而终也就顺理成章了。

在介绍产品的过程中，我们也会遇到这样的事情。表达不清楚，语言不明白，对方听不懂你说的话，就可能会产生沟通障碍。所以销售人员要多用通俗化的语句，要让自己的客户听得懂。如果客户听不懂你的方言，你要尽量用普通话；客户不明白你讲的术语或名词时，要转换成对方熟悉的、能理解的语句，等等。

有一个采购员受命为办公大楼采购大批的办公用品，结果在实际工作中碰到了一种过去从未想到的情况。首先使他大开眼界的是一个信件分报箱营销员。这个采购员向他介绍了他们每天可能收到的信件的大概数量，并对信箱提出一些要求，这个营销员听后脸上露出了"我最内行"的神气，考虑片刻，便认定这个采购员最需要他们的CSI。

"什么是CSI？"采购员问。

"怎么？"营销员以凝滞的语调回答，内中还夹着几分悲叹，"这就是你们所需要的信箱。"

"它是纸板做的、金属做的，还是木头做的？"采购员问。

"噢，如果你们想用金属的，那就需要我们的FDX了，也可以为每一个FDX配上两个NCO。"

"我们有些打印件的信封会相当长。"采购员说明。

"那样的话，你们便需要用配有两个NCO的FDX转发普通信件，而用配有RIP的PLI转发打印件。"

这时采购员稍稍按捺了一下心中的怒火，说道："小伙子，你的话

让我听起来十分荒唐。我要买的是办公用品,不是字母。如果你说的是希腊语、亚美尼亚语或英语,我们的翻译或许还能听出点门道,弄清楚你们的产品的材料、规格、使用方法、容量、颜色和价格。"

"噢,"营销员开口说道,"我说的都是我们的产品序号。"

最后这个采购员运用律师盘问当事人的技巧,费了九牛二虎之力才慢慢从营销员嘴里搞明白各种信箱的规格、容量、材料、颜色和价格。

由此我们可以看出,如果一个销售人员在推销自己的产品时,所用的语言都是专业术语,不能让客户清楚地知道产品的特性及用途,那么就很难成功地推销自己的产品。所以在销售过程中,销售人员要尽量使用浅显易懂的词语,切忌使用过多的专业名词,让客户不能充分理解你所要表达的意思。过多的专业名词会让客户摸不着头脑,无法产生共鸣,更不会产生心动,没有心动,当然也就不会有购买行为。销售人员应该把一些术语用简单的话语来进行转换,让人听后明明白白,才能有效达到沟通目的,产品销售才会没有阻碍。

用客户听得懂的语言向客户介绍产品,这是最简单的常识。有一条基本原则对所有想吸引客户的人都适用,那就是如果信息的接受者不能理解该信息的内容,那么这个信息便产生不了预期的效果。

销售人员对产品和交易条件的介绍必须简单明了,表达方式必须直截了当。表达不清楚,语言不明白,就可能会产生沟通障碍。此外,销售人员还应当使用客户所特有的语言和交谈方式。跟青少年谈话不同于跟成年人的交谈;使专家感兴趣的方式,不同于使外行人感兴趣的方式。这里有一个很好的例子可以说明使用适合客户的语言多么有效。

一对父子正在建设一座奶牛场,儿子管奶牛,父亲做木工活,将赚来的钱投入奶牛场建设以扩大牛群规模。父子俩都承认,如果在今后10年内父亲发生什么意外,全家就不可能达成此目标,因为现在奶牛场尚

第五章　推介产品，要善于给产品打广告

不能靠一个人支撑下去。可是，当保险销售人员提到，为了给父亲购买足额的人寿保险，以保证他万一发生意外后他的保险金还能继续向牛奶场提供必需的资金，把牛群扩大到可以盈利的规模，有必要每年交一笔保险费时，全家人都表示反对，说他们没钱，办不到。销售人员马上换了一种说法来说服他们："为了保证万一你们当家的遇到不幸你们能继续达成既定的目标，你们愿意把那两头牛的牛奶送给我吗？只当你们没有那两头牛好了。不管出什么天大的事，它们的牛奶都可以保证你们在将来一定能建成能盈利的奶牛场。"结果，他做成了这笔生意。

销售人员在与不同的客户谈话时，都应当认真地选用适合于客户的语言。然而，销售人员常犯的错误就在于，过多地使用技术名词、专业名词向客户介绍产品，使客户如坠雾里，不知所云。试问，如果客户听不懂你所说的意思是什么，你能打动他吗？

在销售过程中，用客户听得懂的语言进行产品介绍，是销售成功的保障。不要简单地认为所有人都和自己的认识、看法是一致的，对待不同的人，要采取不同的方式，要用别人听得懂的语言进行销售。

突出产品的优势，淡化产品的劣势

销售人员向客户介绍产品的过程，是努力促成交易的过程，是需要展示产品特色和优点的过程，需要"王婆卖瓜，自卖自夸"。只有努力张扬产品的好处，吸引客户的兴趣，才能保证销售工作顺利进行。

有一位推销空调的高手,他从来不滔滔不绝地向客户介绍空调机的优点如何如何,因为他明白,在很多情况下,人们并非完全因为东西好才想得到它,而是由于先有相应的需求,才会感到东西好;如果没有需求的话,东西再好,他也不会买。

所以,他在推销空调时并不说"这样闷热的天气,如果没有空调,实在令人难受"之类刻板的套话,而是把那些有希望购买的潜在客户,想象成刚从炎热的阳光下回到一间没有空调的屋子里的人,然后再诚恳地对他说:"您在炎热的天气里挥汗如雨地工作后回家来了。当您一打开房门,迎接您的是更加闷热的蒸笼。您刚刚抹掉脸上的汗水,可是额头上立即又渗出了新的汗珠。您打开窗子,但一点风也没有。您打开电扇,吹来的却是热风,使本来就疲劳的您更加烦闷。可是,您想过没有,假如您一进家门,迎面吹来的是阵阵凉风,那将会是一种多么惬意的享受啊!"

在上面的销售语言中,销售人员的说辞具有较好的说服力。他能够抓住产品的特点,突出产品的长处。销售人员在向客户介绍产品时,如果不能让产品的价值和优势打动客户,在接下来的工作中就会非常被动。因此,介绍产品要扬长避短,针对客户的需求的关键部分来介绍产品的功能,以此来赢得销售上的成功。

有一位客户来到家具店想购买一把办公用的椅子,售货员带客户看了一圈。

客户:"那把椅子价钱怎么算?"

售货员:"600元。"

客户:"这一把为什么这么贵,旁边那一把和这个看起来差不多,只要250元。而且在我看来这一把应该更便宜才对!因为那一把比较漂亮。"

第五章　推介产品，要善于给产品打广告

售货员："这一把进货的成本就快要600元了，只赚您50元。"

客　户："为什么这把椅子要卖600元？"

售货员："先生，请您两把椅子都坐一下比较比较。"

客户依着他的话，坐了一下，感觉600元的比250元的稍微硬一些，不过坐起来还蛮舒服的。

售货员看客户试坐完椅子后，接着告诉客户："250元的椅子坐起来较软，觉得很舒服，反而600元的椅子坐起来觉得不是那么软，因为椅子内的弹簧数量不一样，600元的椅子由于弹簧数较多，绝对不会因变形而影响到坐姿。不良的坐姿会让人的脊椎骨侧弯，很多人腰痛就是因为长期不良坐姿引起的，光是多出的弹簧的成本就将近100元。同时这把椅子旋转的支架是纯钢的，它比一般非纯钢的椅子寿命要长一倍，不会因为过重的体重或长期的旋转而磨损、松脱，这一部分坏了，椅子就报销了，因此，这把椅子的平均使用年限要比那把多一倍。另外，这把椅子看起来不如那把那么豪华，但它完全是依照人体工程学设计的，坐起来虽然不是软绵绵的，但却能让您坐很长的时间都不会感到疲倦。一把好的椅子对成年累月坐在椅子上办公的人来说，实在非常重要。这把椅子虽然不是那么显眼，但却是一把精心设计的椅子。那把250元的椅子很好看，但是质量就差了一点。"

客户听了这位售货员的说明后，心里想：还好只贵350元，为了保护我的脊椎，就是贵800元我也会购买这把较贵的椅子。

介绍产品要注意扬长避短，找准客户最关心的地方介绍产品的优点。当然，推销人员应该注意的是，说明产品长处时，必须针对客户的实际需求展开。如果提出的产品长处并不符合客户的需要，例如向需求实惠产品的客户推荐时尚而价格高昂的产品，那么这种产品的长处再好，也不会引起客户的购买兴趣。如果客户的需求与产品的长处一致，那么你就可以将自己产品的优势和盘托出，并强调这款产品非常适合客户，简直就像为他量身定做的。

如果客户的需求与产品的长处相悖,那么你就要委婉地说服客户,让他明白:你的产品在他所坚持的需求上虽然不具备很强的优势,但也可以满足他的需求,不但如此,你的产品在其他方面还有卓越的表现。

在家电商场中,一位购买冰箱的客户对销售人员说:"我家的冰箱放在客厅里,所以不想要噪声特别大的。那种AE牌冰箱和你们的冰箱是同一类型、同一规格、同一星级的,可噪声却小得多,制冷速度也比你们的快,看来还是AE牌冰箱好些。"

这个销售人员立刻爽快地回答说:"是的,您说得不错,我们的冰箱噪声是稍大些,但仍在国家标准所允许的范围之内,不会影响您家人的健康。我们的冰箱制冷速度虽然慢了点,但耗电量却小得多。另处,我们的冰箱冷藏室很大,能贮藏更多的东西,夏天的时候,可以买很多冰棍放到冰箱里,想什么时候吃都行。再说了,我们的冰箱在价格上要比AE牌冰箱便宜300元,保修期也长一些,我们还可以上门维修。"

结果,客户痛快地买走了冰箱。

上面这个案例中的销售人员用"省电、冷藏室大、价格便宜、保修期长、维修方便"5种长处,弥补了自己冰箱"噪声大、制冷速度慢"的短处,因而增强了自己冰箱的整体优势,使客户不再执着地要求买噪声小的冰箱。假如销售人员不了解客户的需求,只是一味地讲别家冰箱的缺点,或者一味地讲自己产品的优势,不但不会成交,还会招致客户的反感。

任何一个产品,都存在好的一面以及不足的一面。作为销售人员,应该站在客观的角度,清晰地与客户分析产品的优势,对于产品的缺点,要懂得合理淡化,而不是去欺瞒客户。

第六章
问对问题,在提问中抓住客户的需求

第六章　问对问题，在提问中抓住客户的需求

正确提问，把握客户的需求

销售的秘诀在于找到客户内心最真实的想法。那么，怎样去挖掘客户内心这种往往深藏不露的真实想法呢？有一个简单的办法就是不断提问。你问得越多，客户答得越多，答得越多，暴露的情况就越多，这样，你就一步一步化被动为主动，成功的可能性就越来越大。销售人员通过巧妙地运用提问技巧，就能使客户说出他们对购买产品或服务犹豫不决的真正原因是什么以及他们最大的顾虑又是什么。一旦客户向销售人员敞开心扉，说出自己的顾虑，销售人员也就真正了解了客户拒绝购买的原因，也就知道该如何妥善解决这些问题。

销售人员："王先生，您穿多大码的西装？"

王先生："我穿的是××码的。"

销售人员："王先生，想必您一定知道，以您的身材想挑一件合身的衣服，恐怕不容易，起码衣服的腰围就要做一些修改。请问您所穿的西装都是在哪儿买的？"

销售人员强调市面上的成衣很少有买来不修改就适合王先生穿的。他还向王先生询问所穿的西装是在哪一家买的，借此了解他的竞争对手是谁。

王先生："近几年来，我所穿西服都是向观奇洋服买的。"

一分钟打动人心的
销售口才

　　销售人员："观奇洋服的信誉不错。"

　　王先生："我很喜欢这家公司。但是，正像您说的，我实在很难抽出时间挑选适合我穿的衣服。"

　　销售人员："其实，许多人都有这种烦恼。要挑选一套自己喜欢，又适合自己身材的衣服比较难。再说，到处逛商店去挑选衣服也是件累人的事。本公司有4000多种不同质地和式样的服装供您选择。我会根据您的喜好，挑出几种料子供您选择。"

　　销售人员强调，买成衣不如定做的好。

　　销售人员："您穿的衣服都是什么价位买的？"

　　销售人员觉得现在该是提价钱的时候了。

　　王先生："一般都是2500元左右。您卖的西服多少钱？"

　　销售人员："从1500元到4000元都有。这其中有您所中意的价位。"

　　销售人员说出产品的价位，但只点到为止，没有做进一步说明。

　　销售人员："我们能给客户带来许多方便。他们不出门能就买到所需的衣服。我们一年访问客户两次，了解他们有什么需要或困难。客户也可以随时找我们。"

　　销售人员强调他们能为客户解决烦恼，带来方便。该公司的客户多是企业的高级主管，他们主要关心方便。

　　销售人员："王先生，您很清楚，现在一般人如果受到良好的服务，会令他受宠若惊，他会认为服务的背后是否隐藏着什么其他条件。这真是一件可叹的事。我们服务客户很彻底，彻底到使客户不好意思找其他的厂商，而这也是我们殷勤服务客户的目的。王先生，您同意我的看法吗？"

　　销售人员强调服务，因为他相信几乎每一位企业的高级主管都很强调服务。所以，销售人员在谈话末了以"您同意我的看法吗"这句话来

第六章 问对问题，在提问中抓住客户的需求

引导王先生的回答，销售人员有把握让王先生做出肯定的回答。

王先生："当然，我同意您的看法。我最喜欢提供良好服务的厂商。但现在这种提供良好服务的厂商越来越少了。"

销售人员觉得王先生的想法逐渐和自己的想法一致了。

销售人员："提到服务，本公司有一套很好的服务计划。假如您的衣服有了破损、污渍，您只要打电话，我们立即上门服务。"

由于王先生重视服务，所以销售人员向王先生提起公司有一套很好的服务计划，能解决王先生的烦恼。

王先生："是啊，我有一件海蓝色西装，是几年前买的，我很喜欢，但现在搁在家里一直没有穿。因为近几年我的体重逐年减轻，这套西装穿起来就有点肥。我想把这套西装修改得小一点。"

销售人员记住了王先生的话：王先生有一套海蓝色的西装需要修改。

销售人员："王先生，我希望您给我们业务上的支持。我们将提供您需要的一切服务。我们希望在生意上跟您保持长久的往来，永远替您服务。"

可以看出，善于提问也是成就销售好口才的重要因素。提问不仅是弄清楚所谈论话题的最佳方式，而且也是确认谈话双方都能理解彼此看法、期望与需要的最佳方式。通过提问，销售人员可以了解客户是否完全理解自己的意图，而利用反馈提问，又可以确认自己有没有听错客户的意思，以保证自己与客户之间进行良好的双向沟通，并使销售沟通过程中可能出现的问题减到最少。

销售人员："您好，赵经理，我是××企业管理咨询公司的小王，想请教您几个问题。

赵经理：什么问题？

销售人员：是这样的，赵经理，经常有许多公司打来电话，向我们公司咨询关于库存管理、产品分类管理以及账务管理方面的问题，还请求我们给他们推荐这方面的人才。赵经理，不知您在这方面有什么更好的观点与意见？

赵经理：这个很简单，我们有专人负责仓库管理这块，产品分片分区管理，财务也有专人负责。只是，我也有些困惑，就是他们办事效率很低，我需要个什么报表，往往不能够及时统计出来，造成信息交流不顺畅。更麻烦的是，一旦发生人员流动或者调整的时候，往往一段时间内会经常出现纰漏。不知道你们有什么好的解决办法没有？

销售人员：赵经理，我请问下，您目前使用是什么管理软件？赵经理：管理软件？管理软件目前好像用不到吧？我们一直采用的是人工做账。

销售人员：是的，向我们打来咨询电话那些公司，也是喜欢采用人工做账，只是没有您分配得那么细致，有条理性。不过，现在他们的问题都解决了，而且效率也提高了很多。

赵经理：是吗？怎么解决的？

销售人员：他们使用一种叫作××的财务管理软件，不仅节省了人力，而且每天都能够了解当天的产品进、销、存、畅销产品、滞销产品比例、欠账、拖款等情况。

赵经理：是吗？有这样的软件？哪里能买到？

销售人员：这样吧，赵经理，我正好带着一套软件，顺便给您的员工讲解一下如何使用这个软件，怎么样？

赵经理：好啊，非常感谢。

从这个案例可以看出，销售人员通过不断提问帮助客户发现自己内心的

第六章 问对问题，在提问中抓住客户的需求

需求，销售就会变得易如反掌。因此，销售人员必须有针对性地提问，要让客户有机会吐露自己心中的真情实感，这样，销售人员不仅能够透彻了解客户的问题，而且能够消除客户心中的疑虑。

掌握有效的提问技巧

有这样一个小故事：

一名牧师问主教："我在祈祷的时候可以抽烟吗？"这个请求遭到主教的断然拒绝。另一名牧师也去问这个主教："我在抽烟的时候可以祈祷吗？"抽烟的请求得到了允许。

从这个故事中，我们至少可以得到两点启示：提问时，首先要考虑提什么问题，其次是如何表述问题。在销售实践中，我们也应注意这个问题。

一个保险推销员向一名女士提出这样一个问题："您是哪一年出生的？"结果这位女士恼怒不已。于是，这名推销员吸取教训，改用另一种方式问："在这份登记表中，要填写您的年龄，有人愿意填写大于21岁，您愿意怎么填呢？"结果就好多了。

经验告诉我们，一个好的提问能够在很大程度上改变一场交易，那些具有一流水准的销售人员往往是提出问题的高手，他们在销售实践中总是特别

注意提问的技巧。

1. 进行明确的提问。要使所提问题容易被客户理解和回答，就要避免提出过于复杂与冗长的问题。

有些销售人员把几个问题糅合在一起，使提问复杂化。例如："请问你们多长时间订货一次并全部销售出去？"

这个问题就很难让客户做出合理的回答。因为他们不明白你究竟是在问多长时间订一次货，还是在问一次所订的货物多长时间能够全部售完。

另外，还有些销售人员把问题拉得很长。例如："有这么多复杂的报告要准备和翻阅，你很难确定什么时候去展销会看我们的样品和技术资料吧？"

这么烦琐的问句，很容易让客户感到厌烦，他们也很难集中精力去仔细听清这类问题。所以，提问应尽量做到简单、明确，不拖泥带水。

2. 提出的问题要客观。销售中的提问，主要目的应该是了解客户的真实想法，而不是诱使客户做出某种承诺或强迫他们接受销售人员的观点。举例来说，如果提出的问题只有一个可能的答案，而这个答案又明显有利于销售人员，那么，这个问题就不具备客观性。

例如："为什么你认为这是一个优秀的产品？"或者"你认为我们的产品在哪些方面胜过你正在使用的产品？"

这样的问题试图鼓励对方做出肯定回答，没有否定答案，还具有明显的主观倾向，很容易引起客户的反感。退一步讲，即使得到了想要的答案，销售人员也不能把握客户的真实想法。

3. 提问要有阶段性。应该把问题分布在沟通中的不同时段上，避免连续性的提问。因为，当销售人员接二连三地提出问题时，客户可能就会感到很不舒服。这样的话，他们可能会觉得不是在参与交谈，而是在接受审问。有的客户甚至会因此而产生抵触情绪，故意不回答问题。

如果能够适当地把你的问题分割开来，就可以使客户有充裕的时间来做

第六章 问对问题，在提问中抓住客户的需求

出回答，从而做到在轻松的气氛中参与交谈。分割问题的主要方法是进行有计划的提问，不打断客户的回答。总之，要让客户感到，他们是自愿提供信息的，而不是被迫泄露的。

4. 多做开放式的提问。开放式的提问技巧是指发问者提出一个问题后，回答者围绕这个问题要告诉发问者许多信息，不能简单以"是"或者"不是"来回答发问者的问题。

这类提问的目的是鼓励客户做出较深入、较详尽的回答。如果销售人员提出的问题只有"是"或"否"这样简单的答案，那么，这样的提问就是不恰当的。因为它无法使客户给出更多的信息，也很难使客户真正参与到交谈中来。

例如："你是否听说过我们公司？"这个问题的答案只有"是"与"不是"，而"有关我们公司，你了解哪些情况呢？"这个问题就要好得多。

销售人员要想从客户那里获得较多信息，就需要采取开放式问法，使客户对你的问题有所思考，然后告诉你相关的信息。

提出开放式的问题，并且耐心地等待，在客户说话之前不要插话，或者鼓励他们大胆地告诉你有关信息，收效会很明显。人们对于开放式的问法也是乐于接受的。他们能认真思考你的问题，告诉你一些有价值的信息，甚至还会对你的推销工作提出一些建议，这将有利于你更好地进行推销工作。

5. 适当采用封闭式的提问。封闭式问法是指回答者在回答问题时，用"是"或是"不是"就能使发问者了解其看法。

销售人员采用封闭式问法可以控制谈话的主动权。如果你提出的问题都使客户以"是"或者"不是"来回答，你就可以控制谈话的主题，将主题转移到和推销产品有关的范围里来，而不至于把话题扯远，同时，销售人员为了节约时间，使客户做出简短而直截了当的回答，也可以采用封闭式问法。

掌握引导对方说"是"的提问技巧

世界著名推销大师托德·邓肯在推销时,总爱向客户问一些主观答"是"的问题。他发现这种方法很管用,当他问过五六个问题,并且客户都答了"是",再继续问其他关于购买方面的问题,客户仍然会点头,这个惯性一直保持到成交。他请了一个心理学专家为自己设计了一连串的问题,而且每一个问题都让自己的准客户答"是"。利用这种方法,托德·邓肯缔结了很多大额保单。这种方法后来被称为"6+1缔结法则"。

"6+1缔结法则"源自于推销过程中一个常见的现象:假设在你推销产品前,先问客户6个问题,而得到6个肯定的答案,那么接下来,你的整个销售过程都会变得比较顺畅,当你和客户谈产品,他不断点头或说"是"的时候,你的成交机遇就来了。此时他已形成一种惯性。每当销售人员提一个问题而客户回答"是"的时候,就增强了客户的认可度,而每当销售人员得到一个"不是"或者任何否定答案时,也就降低了客户对销售人员的认可度。这就如同你面前的客户是一团熊熊烈火,千万不要让他熄灭,你只要不停地加上一些汽油,使得这团火更加旺盛,一直保持到成交的那一刻。那么,你肯定会说服他购买产品的。

下面是一个典型的实例:

销售人员沿街敲门,客户打开了门。

他的第一个问题就是:"请问您是这家的主人吗?"一般都会回答

第六章　问对问题，在提问中抓住客户的需求

"是"。

第二个问题："先生（女士），我们要在这个社区做一项有关健康的调研，相信您对健康问题也是相当关注的吧？"对方一般也会回答"是"。

第三个问题："请问您相信运动和保健对身体健康的价值吗？"大多数人都会回答"是"。

第四个问题："如果我们在您的家里放一台跑步机，让您试试，您能接受吗？当然是免费的。"因为是"免费的"，一般人都不会拒绝。

第五个问题："请问我可以进来给您介绍一下这台跑步机的使用方法吗？过两个星期，我们会麻烦您在我们的回执单上填上您使用的感觉，我们是想做一下调查，看看我们公司的跑步机使用起来是不是很方便。"

在这种情况下，几乎所有的客户都不会拒绝销售人员进门推销他的产品。

接下来，销售人员会接着问专家们已经设计好了的问题，而客户做的只是不停地点头，到最后，很多客户都会心甘情愿地花上几千元钱买一台跑步机。

这就是对"6+1缔结法则"的成功运用。在这样的模式之下，销售人员可以顺利地开始介绍产品，并且成功地缔结订单，这是一种非常简单又实用的销售技巧。再看看下面这个案例：

销售人员："今天的天气真不错啊。"

客户："是啊。"

销售人员："您住的小区的绿化搞得真好。"

客户："嗯，是的，住在这样的小区里，每天都能呼吸到新鲜的

空气。"

销售人员："您家阳台上的那盆花是您养的吧，真漂亮。"

客户："那是我在日本旅游时带回来的，没有想到这种花在中国也能长得这么好。"

销售人员："日本还有这么漂亮的花，真让人羡慕。"

客户："是啊，在日本这种花不怎么贵，但是在国内，这种花就贵得吓人了，一盆这样的花要好几千呢。"

销售人员："我是××保健品公司的销售人员，这里有一些保健品的宣传册，请您看一看。"

客户："是吗？"

客户把销售人员递过来的宣传册拿在手里开始翻阅，此时销售人员又说："我可以给您解释一下吗？"

"好的。"

销售要是做到了这样的地步，那么成功的可能性就有了。这位销售人员之所以会问客户那么多的问题，就是想利用客户的惯性思维。因为客户在说了多个"是"字之后就具有了一种惯性思维，要让客户在接下来的谈话中打破这种惯性思维就不那么容易了，所以销售人员如果能利用好这种惯性思维，那么成功就在眼前。

有一次，美国西屋电气公司的推销员埃里森去拜访一位老客户，他希望再次推销一批公司的产品。当他来到那家公司时，对方的总工程师史密斯先生却对他说："我们绝不会再买你的电机了。"原因是，该公司上次买的电机太热，会烫到手。

埃里森了解到这个情况后，对总工程师说："史密斯，你说得很正确，如果电机过热，你当然不能买，就算是买了也应该退货，对吧？"

第六章　问对问题，在提问中抓住客户的需求

史密斯听到对方这样的话，很满意地回答道："是的。"。

"按照标准，电机的温度最多只能比室温高32.2度，对吧？"

"是的，可是你的电机已经超过了这个温度。"史密斯说。

"你们车间的温度是多少？"埃里森问他。

"23.9度。"史密斯想了想，然后答道。

"这就对了，"埃里森说，"32.2度加上23.9度等于56.1度。如果你把手放到大约60度的水里，你的手会不会被烫伤呢？"

"是的。"史密斯点点头说道。

"那么以后就不要把手放在电机上了。"埃里森继续说。

"我想你是对的。"史密斯回答道。

整个谈话过程中，埃里森没有和客户争辩，不仅弄清了情况和原因，消除了对方的偏见，而且成功地说服对方继续购买自己的产品。他的策略很简单，那就是尽量让对方说"是"。

在销售的过程中，若能一开始就让对方说"是"，这说明销售已经成功了一半，你若能让对方连续说"是的，你说得对"，那么销售的成功就有99.9%的把握。然而遗憾的是，许多销售人员没有做到让对方说"是"。他们总是顺着自己的思路强调自己的观点，总是想口若悬河、滔滔不绝地证明自己的口才，很少有人会考虑到这样做并不一定就能说服对方。事实上，在你与客户的交流中，你必须设法让对方说"是"，因为你们的交流决定着对方对你的回应以及对方决定是与你合作还是拒绝合作。"是"的回答意味着对方对你的看法的许可和赞同，意味着同意你的见解或观点，意味着可以与你合作。

让对方说"是"，是一种极高明的说话的艺术。优秀的销售人员可以让顾客的疑虑通通消失，秘诀就是尽量避免谈论让对方说"不"的问题，而在谈话之初，就要让他说出"是"。

通过提问，打开客户的话匣子

提问是与客户沟通的最好的方法，销售人员通过提问可以了解客户需要什么，不需要什么，对销售人员销售的产品的哪些方面比较感兴趣等。很多专业的销售人员都会把提问作为最重要的销售手段，因为掌握客户的需求越多，向客户成功销售的可能性就会越大。一个销售人员业绩的好坏，与其提出问题的能力是有密切关系的。

通常情况下，直接向客户提出问题，引起客户的兴趣，引导客户去思考，然后很顺利转入正式面谈阶段，这是一种非常有效的沟通方法。你可以首先提出一个问题，然后根据客户的实际反应再提出其他问题，步步进逼，接近对方。当然，你也可以开头就提出一连串问题，使对方无法回避。

我们来看一下这位家具销售人员与客户之间的对话，你可以从中得到启发。

销售人员："我们先谈谈你的生意，好吗？你那天在电话里跟我说，你想买坚固且价钱合理的家具，不过，我不清楚你想要的是哪些款式，你的销售对象是哪些人，能否多谈谈你的构想？"

琳达："你大概知道，这附近的年轻人不少，他们喜欢往组合式家具连锁店跑；不过，在111号公路附近也住了许多退休老人，我妈妈就住在那里。一年前她想买家具，可是组合式家具对她而言太花哨了，她虽

第六章 问对问题，在提问中抓住客户的需求

有固定的收入，但也买不起那种高级家具；以她的预算想买款式好的家具，还真是困难！她告诉我，许多朋友都有同样的困扰，这其实一点也不奇怪。我做了一些调查，发现妈妈的话很对，所以我决心开一家店，顾客就锁定这群人。"

销售人员："我明白了，你认为家具结实，是高龄客户最重要的考虑因素，是吧？"

琳达："对，你我也许会买一张300元的沙发，一两年后再换新款式。但我的客户生长的年代与我们有别，他们希望用品常用如新，像我的祖母吧，她把家具盖上塑胶布，一用就30年。我明白这种价廉物美的需求有点强人所难，但是我想，一定有厂商生产这类家具。"

销售人员："那当然。我想再问你一个问题，你所谓的价钱不高是多少？你认为主顾愿意花多少钱买一张沙发？"

琳达："我可能没把话说清楚。我不打算进便宜货，不过我也不会采购一堆路易十四式的鸳鸯椅。我认为顾客只要确定东西能够长期使用，他们能接受的价位应该在450元到600元之间。"

销售人员："太好了，琳达，我们一定帮得上忙。我再花几分钟跟你谈两件事：第一，我们的家具有高雅系列，不论外形与品质，一定能符合你的客户的需要，至于你提到的价钱，也绝对没问题；第二，我倒想多谈谈我们的永久防污处理，此方法能让沙发不沾尘垢，你看如何？"

琳达："没问题。"

这位销售人员在与客户交谈的过程中，通过有针对性的提问了解到客户的需求，并清楚、准确地向客户介绍了自己的产品，让客户确切地了解自己推销的产品如何满足客户的各种需要。因此，销售人员详细地向客户提问，尽可能找出自己需要的、产品怎样才能符合客户要求的各种信息，这是必不

可少的。

销售是一门说服的艺术，但如果只有说而没有问，销售工作就会走入一条死胡同。所以，在适当的时间提出适当的问题，是一个优秀的销售人员做出的聪明选择。

中国有句古话："善问者能过高山，不善问者迷于平原。"如果想使交谈愉快地进行，巧妙提问是关键。巧妙提问不仅能帮助销售人员获得自己想得到的信息，而且还能令对方心情舒畅，而不当的提问常使交谈失败。所以，销售高手会通过一系列别出心裁的、精心设计的问题来引导客户的思路，从而达到销售的目的。

街上有三个水果店。一天，有位老太太来到第一家店里，问："有李子卖吗？"店主见有生意，马上迎上前说："老太太，买李子啊？您看我这李子又大又甜，刚进回来，新鲜得很呢！"没想到老太太一听，竟扭头走了。店主非常纳闷：奇怪，自己什么地方得罪老太太啦？

老太太接着来到第二家水果店，同样问："有李子卖吗？"第二位店主马上迎上前说："老太太，您要买李子啊？""对啊！"老太太应道。"我这里李子有酸的，也有甜的，那您是想买酸的还是想买甜的？""我想买一斤酸李子。"于是老太太买了一斤酸李子就回去了。

第二天，老太太来到第三家水果店，同样问："有李子卖吗？"第三位店主马上迎上前同样问说："老太太，您要买李子啊？""对啊！"老太太应道。"我这里李子有酸的，也有甜的，那您是想买酸的还是想买甜的？""我想买一斤酸李子。"

这与前一天在第二家店里发生的一幕完全一样。但第三位店主在给老太太称酸李子时，问道："在我这买李子的人一般都喜欢甜的，可您为什么要买酸的呢？""哦，最近我儿媳妇怀上孩子啦，特别喜欢吃酸李子。""哎呀！那要恭喜您老人家快要抱孙子了！有您这样会照顾人

第六章 问对问题，在提问中抓住客户的需求

的婆婆可真是您儿媳妇天大的福气啊！""哪里哪里，怀孕期间当然最要紧的是吃好，胃口好，才能营养好啊！"

"是啊，怀孕期间的营养是非常关键的，不仅要多补充些高蛋白的食物，听说多吃些维生素含量丰富的水果，生下的宝宝会更聪明些。""是啊！那哪种水果含的维生素更丰富些呢？""很多书上说猕猴桃含维生素最丰富。""那你这有猕猴桃卖吗？""当然有，您看我这进口的猕猴桃个大，汁多，含维生素多，您要不先买一斤回去给您儿媳妇尝尝？"

就这样，老太太不仅买了一李子，还买了一斤进口的猕猴桃，而且以后几乎每隔一两天就要来这家店里买各种水果。

从这个故事中我们可以看出，通过恰当的问题，我们可以得到自己需要的信息，并掌握谈话的主动权，使谈话朝着我们希望的方向发展。

世界级销售培训大师伯恩·崔西说："如果你能提问，就永远不要开口说。"正确的提问能引起客户的注意，引发客户的思考，使销售人员掌握主动，取得销售成功。所以，把说话的机会留给客户，并用适当的提问引导客户说下去，是销售取得成功的关键所在。

销售中最常见的 9 种提问方式

在销售过程中，如何通过提问让客户说话，如何通过提问让沟通延续下去，如何通过提问来充分了解客户信息，如何通过提问来得到满意的答复

等,这些对于销售人员来说,具有举足轻重的作用。事实证明,销售人员只要能够进行巧妙且正确的提问,就可以减少客户的逆反心理,充分了解客户信息,引导客户按照你所期望的方向展开谈话,最终就能实现你所希望得到的结果。所以,对于销售人员来说,善于运用提问的方式去沟通,灵活掌握提问的技巧,就能给自己的销售带来许多意想不到的收获,带来许许多多的惊喜。

下面介绍几种常见的提问方式供销售人员参考。

1. 主动式提问。主动式提问是指销售人员通过自己的判断将自己想要表达的主要意思用提问的方式说出来。在一般情况下,对这些问题客户都会给予一个明确的答复。例如:有一家洗发水公司的销售人员问:"现在的洗发水不但要洗得干净,而且还要有一定的护发功能才行,是吧?"客户回答:"是的。"销售人员又问:"为了能够护发养发就要合理地利用各种天然药物的作用,在洗发的同时做到护发养发,这种具有多种功能的洗发水您愿意用吗?"客户回答:"愿意。"

销售人员接着就可以问他想要知道的问题:"这种含有药物的洗发水含有一种淡淡的药物香味,你喜欢吗?"如果客户说他不太喜欢,那么问题的症结就已经找到了。

2. 反射性提问。反射性提问也称重复性提问,也就是以问话的形式重复客户的言语或观点。例如:"你是说你对我们所提供的服务不太满意?""你的意思是,由于机器出了问题,给你们造成了很大的损失,是吗?""也就是说,先付50%,另外50%货款要等验货后再付,对吗?"

这类问题的好处在于:第一,具有检验的作用,即能够用来检验销售人员是否真正理解了客户的观点。如果理解有误,客户就会当场指出。第二,鼓励客户以合乎逻辑的方式继续表明观点。第三,可以使销售人员对客户的言谈做出适当的反应,可以避免直接向对方表示肯定或否定。第四,还可以用来减弱客户的气愤、厌烦等情绪化行为。销售人员以问话形

第六章 问对问题，在提问中抓住客户的需求

式重复客户的抱怨，让客户感到他们的意见已受到重视，其抵触性情绪也就会减弱。

3．指向性提问。这种提问方式通常是以谁、什么、何处、为什么等为疑问词，主要用来向客户了解一些基本事实和情况，为后面的说服工作寻找突破口。例如："你们目前在哪里购买零部件？""谁在使用复印机？""你们的利润分配制度是怎样的？"

这类问题的提问目的十分清楚，也比较容易做出回答，通常用来了解一些简单的、宜于公开的信息，不适合用来了解个人情况及较深层次的信息。需要注意的是，在使用这类问题时要表现出对客户的关心，语气不可太生硬。

4．评价性提问。评价性提问方法用来向客户了解其对某一问题的看法，而且这类问题一般都没有固定的答案。例如："你觉得小型轿车怎么样？""你认为租与买哪个更合算？""要是增加一些零件存货会怎么样？"

评价性提问通常用于指向性提问之后，用来进一步挖掘相关的信息。在很多情况下，客户很可能不愿意对某个问题发表意见。这时，销售人员就应该使用间接评价性的问题。间接评价性问题要求客户对第三者的观点做出评价。例如："有报道说，某品牌电梯在消费者中信誉很好，你认为它在客户中受欢迎吗？"

5．细节性提问。这类提问的作用是促使客户进一步表明观点、说明情况。但与其他提问方式不同的是，细节性问题直接向客户提出请求，请其说明详细情况。例如："请你举例说明你的想法？""请告诉我更详细的情况，好吗？"

6．损害性提问。这种提问的目的是要求客户说出目前所使用的产品存在哪些问题，最后再说服客户来使用你的产品。

例如，一位复印机销售人员问潜在客户："听说你们现在使用的这种

复印机复印效果不太好,字迹常常模糊,是吗?"显然,这类问题极具攻击性,如果使用不当,也会引起客户的反感。所以,在提出这类问题的时候,一定要注意用词和语气的委婉,并要考虑客户的承受能力。

7. 结论性提问。这种提问是根据客户的观点或存在的问题,推导出相应的结论或指出问题的后果,诱发客户对产品的需求。这类提问通常用在评价性提问和损害性提问之后。

例如,复印机销售人员在客户对损害性提问给出肯定答复之后,可以接着使用结论性提问:"用这样的复印机复印广告宣传材料,会不会影响宣传效果?"

8. 选择式提问。销售人员应该将产品可能引起的异议进行分类,让客户自己从中选择一个或几个。例如,销售人员可以问客户:"你好,我们的产品有哪些地方让你觉得不太符合你的需要呢?是样式、体积、重量还是气味?"

9. 建议式提问。销售人员应该主动对客户提出购买相关产品可以获得的相关利益,并给出一些良好的建议,以刺激客户的购买欲望。例如,童车销售人员就可以这样问他的客户:"请问您买这辆车是给几个月的婴儿睡觉用还是给一两岁的婴儿坐着用?"或是问:"您买这辆车是愿意让小孩骑三轮车稳当些,还是要让他练习一下骑两轮单车的技巧?"

短短的一个问题既赢得了客户的信任和认同,又巧妙地说出了该产品的多种功用,从而给客户留下了良好而又深刻的印象。

总之,销售洽谈的关键在于有效利用提问。作为一个销售人员,应该学习各种提问技巧,学会怎样进行提问,这是销售业绩迅速提升的捷径。

第七章
说服要到位,让客户无法拒绝你

第七章　说服要到位，让客户无法拒绝你

巧用暗示说服客户

科学家研究指出：人是唯一能接受暗示的动物。

暗示，是人与人之间相互影响的一种特殊方式，暗示者出于自己的目的，采取隐晦、含蓄的语言，巧妙地向对方发出某种信息，并以此来影响对方的心理，使其不自觉地接受一定的意见、信息或改变自己的行为。

我们在生活中无时不在接受着外界的暗示，比如，电视广告对购物心理的暗示作用。广告中的影像、声音都具有强烈的暗示性。人们看电视时，都是东看看西看看，是一种无意的行为。在无意中，人们缺乏警觉性，这些广告信息会悄悄地进入人们的潜意识。这些信息反复播放，在人的潜意识中积累下来。当人们购物时，人的意识就受到潜意识中这些广告信息的影响，左右你的购买倾向。比如，当你对两个品牌的东西拿不定主意时，多半会选择那个已经进入潜意识中的品牌，所以当你回到家，再注意到当初的选择时，就会感到莫名其妙。这就是我们经常会乱买东西的一个原因。

在销售中，我们也可以利用暗示性的语言来说服客户。这些语言会不自觉地在客户的心中产生影响力，在客户的意识中留下印记。暗示性语言不仅使得说服的效果更为显著，也更能强化客户对销售过程的信任和接受。所以学会暗示是提高销售业绩的一个重要技能。

销售人员在进行销售时，一开始就要做好充分的准备，向客户做有意识的肯定的暗示，使他们从一开始就接受你的安排。例如："我们公司目前正

在进行一项新的投资计划，如果你现在进行一笔小小的投资，过几年之后，你的那笔资金足够供你的孩子上大学。到那时，你再也不必为孩子的学费发愁了。现在上大学都需要那么高的费用，再过几年，更是不可想象，你说，那会怎么样呢？"

当然，你对客户进行了如上的各种暗示之后，必须给他们一定的时间去考虑，不可急于求成。要让你的种种暗示渗透到他们心中，使他们的潜意识接受你的暗示。

销售人员要把握住进攻的机会。如果你认为已经到了客户决定是否购买的最佳时间，你可以对他们说："每个父母，都希望自己的孩子接受高等教育。'望子成龙''望女成凤'，这是人之常情。不过你是否考虑过，怎样才能避免将来这种沉重的经济负担，而对我们公司现在进行的这项投资，则完全可以解决你的忧虑，对这种投资方式，你认为如何？"

当交易深入实质性阶段时，他们有可能对你的暗示加以考虑，但不会十分仔细，一旦你再对他们的购买意愿进行试探，他们会再度考虑你的暗示，坚定自己的购买意图。

客户进行讨价还价，会使洽谈的时间加长。这时，销售人员必须耐心且热情地和他们进行商谈，不断强化那是他们自己的购买意图的暗示，直到买卖成交。

曾经有一位销售经理运用暗示销售法成功地使一位客户高兴地买下了该公司销售的一台电冰箱。当他看到销售人员和一位客户在说话时，便走过去说："这台冰箱倒是很好，不是吗？"

"我看并不见得好。"那位太太摇摇头回答。

"怎么，您认为这台冰箱不好，是吗？这冰箱的式样和性能是由全国一流的工程师联合研发的，不管从外观、容量和结构，还是从性能和效果方面来看，都是很好的，您认为这冰箱有哪些地方不协调呢？"

第七章 说服要到位,让客户无法拒绝你

"这几点倒还可以,只是不应该把那个圆圆的东西装在顶上,那有多难看啊!"

"也许您说得有道理,但是,我的理解是,正是顶上那个圆盖子,才是我们这种冰箱的最大特色。现在市面上的那些冰箱,其马达都是安装在下部的,很不方便,我们这种冰箱却可以将马达安装在圆顶上,方便极了。我想您是个大忙人,您当然想让这台冰箱为您减少一些麻烦,节省一些时间,是吗?说不定您买回去,邻家的太太见了一定羡慕不已,说您买了一台好冰箱呢!如果您买一台普通的冰箱回去,邻居见了,也不觉得怎么新奇,也许看一下就忘掉了,不是吗?"

然后,这位销售经理又安排员工把冰箱搬出来。"太太,这台冰箱您是想把它放在家里的哪个位置呢?"

"太太,冰箱是您自己带回去,还是由我们给您送回去?我们免费送货,免费安装。这是送货单,请把地址和电话写好,我们下午送货。"就这样,那位太太在销售经理的暗示下签了字。

所以说,暗示是一种有效的销售手段。只要在交易一开始时,利用这种方式,提供一些暗示,客户的心理就会变得更加积极,进而很热心地与你进行商谈,直到成交为止。

心理暗示是购买心理应用的核心环节。它可以巧妙地避免客户的直接拒绝,是销售进程中连攻带防的最佳策略。它即可以帮助销售人员与客户建立良好关系,又可以加快销售的进程。心理暗示能够影响客户的观念,改变其认识,增强其购买信心,加速成交进程。这虽然只是一个小小的技巧,但却能让客户对你留下深刻的印象。这种方法非常简单,却有惊人的效果。可以这么说,一个不懂得如何用暗示激发客户购买欲望的销售人员不是一个高明的销售人员。

利用权威效应，让客户对你信任有加

心理学上有一个"权威效应"，又称为"权威暗示效应"，是指一个人要是地位高，有威信，受人敬重，那他所说的话及所做的事就容易引起别人的重视，并让他们相信其正确性，即"人微言轻、人贵言重"。

权威效应的普遍存在，首先是由于人们有"安全心理"，即人们总认为权威人物往往是正确的楷模，服从他们会使自己具备安全感，增加不会出错的"保险系数"；其次是由于人们有"赞许心理"，即人们总认为权威人物的要求往往和社会规范相一致，按照权威人物的要求去做，会得到各方面的赞许和奖励。

美国曾有一个心理学教师在一个班级中做过一个权威效应的心理实验。他请教师向该班的学生引见说："这位教授是国际上知名的化学家，最近他研究出一种新的化学药品。由于我与他很熟悉，今天专程请这位教授向同学们展示一下这项新的研究成果。"于是，"国际上知名的化学家"拿出一个瓶子，里面装着透明的液体，然后告诉同学们，现在他展示的化学药品是一种新药，其味道可以在空气中迅速传播，而只有对化学药品有敏锐感知的人才能感受得到。然后，"国际上知名的化学家"打开瓶子，同学们屏息，用心体验"只有对化学药品有敏锐感知的人"才能得到的感受。接着，大家开始谈自己的感觉。有的说，这

第七章　说服要到位，让客户无法拒绝你

是一种与过去所有的化学药品味道完全不同的东西；有的说，教授打开瓶子后，立即就会感受到一种由前至后扑鼻而来的清香，"味道好极了"。全班没有一位同学表示不同看法。待大家讨论得差不多了，"国际上知名的化学家"告诉同学们，他不是什么化学家，而是本校的一位心理学教师，瓶子里装的不过是刚刚从学校自来水管里流出的自来水而已。接着，他表示他的心理学实验圆满完成，"谢谢大家的真诚合作"。

这样的实验结果是令人惊讶的，为何明明无任何气味的自来水，学生却可以闻出味道来呢？这是因为人们对权威的信任和遵从，使其对"权威"的化学家的言论没有表示任何怀疑。

人们对权威的深信不疑和无条件遵从，会使权威形成一种强大的影响力，利用这种权威效应则可以在很大程度上影响和改变人们的行为。在现实生活中，权威效应的应用很是广泛，如许多商家在做广告时，往往高薪聘请知名人物做形象代言人，或者以有影响的机构认证来突出自己的产品品质，以达到增加销售量的目的。

在销售人员进行销售时，权威效应同样奏效。比如鞋店老板接到的投诉最多的是客户总抱怨左脚的鞋不好穿或者觉得两只鞋子大小不一样。投诉是商业交易中司空见惯的现象。面对这种情况，如果不处理好客户的抱怨，最终会导致客户要求替换一双新的鞋子或者客户直接退货。如果长此下去，难免造成负面影响。这种时候，店老板只要以权威的口吻安慰客户说："您是知道的，一般来讲，人的左脚总是要比右脚大一些。"这样一来，大多数的客户都能在心理上接受这种解释。

这是专业化的建议和劝说，采取的是利用权威效应对客户进行暗示的心理谋略。此种方法非常奏效。客户对自己没有把握的产品，如果行家断言没有问题，那么客户便会对该商品的质量和信誉深信不疑。因此，商店在面对

一分钟打动人心的
销售口才

客户投诉的时候，与其让普通店员去处理，不如老板亲自接待，效果会更好一些。

在现实生活中，人们往往喜欢购买各种名牌产品，因为它有明星的代言，有权威机构的认证，有社会的广泛认同，这样可以给人们带来很大的安全感；还有学生在购买参考书和练习题时，也是选择有名的出版社出版的，著名的教授学者编写的或推荐的，他们认为从权威这里可以获得更多的益处。这都是在销售过程中，权威效应起到的巨大影响力。因此，如果销售人员能够巧妙地运用权威效应，则能对销售起到很大的促进作用。

王峥是某机电工厂的销售人员。一次，在与一个客户进行商谈的时候，他发现对方是一个心思极为缜密的人，因此在向客户介绍产品的时候讲解得特别详细，在回答客户的咨询时也条理清晰，同时还把客户的意见用小本子记录下来。

王峥又给客户提供了一份产品的市场调查报告，便于他进一步了解产品的真实销售情况。对于这一点，王峥很是自信，因为本公司的产品销量确实很好，在市场上也有一定的名气，对客户也很有说服力。

但在交谈过程中，王峥发现客户对产品质量还是有很大的疑虑，一连几次的回应都是：我们考虑一下，还要向领导请示一下。

这下可把王峥难住了，到底是哪里出了问题呢？无奈之下他只好向经理做了汇报，并寻求帮助。

具有丰富实战经验的经理只回答了一句话：下午会有一份资料传真给你，你拿给客户。

王峥收到文件后，按照经理的指示直接送到客户的桌上，客户与领导研究后态度大变，爽快签约。

原来，那份资料是王峥公司与客户所在行业中某家龙头企业的合作报告，并附带了该行业内权威专家的产品评价。客户看到这份极具权威

第七章　说服要到位，让客户无法拒绝你

性的资料，才终于消除了疑虑，很放心地做出了购买的决定。毕竟有权威人物的推荐和认可，自己也没有什么不放心的了。

上述例子中，王峥所在的公司就是巧妙利用权威效应的影响，来赢得客户的认可的。看来，在劝说他人支持自己的行动与观点时，恰当地利用权威效应，不仅可以节省很多精力，还会收到非常好的效果。

权威效应是一种可以诱导他人心理的心理暗示，也是一种最常见的销售技巧。在销售中，销售人员恰当地运用权威效应，便能够消除客户的一些顾虑，改变客户的一些想法，使客户更加认可你的产品，这是个非常有效的销售方法。

巧用数字，让客户自己说服自己

数字是一种语言符号，也是一种语言信息。我们生活在数字的世界里，我们每天所见、所闻与所思的一切，几乎没有不涉及数字的。数字是用来显示某种情况统计结果的，因此，它们能给人们留下深刻的印象，并且极具说服力，容易把理说透。尤其是它有证据的效应，这是孤立的事件所不可比拟的。如果在说服过程中能巧妙地运用数字，将会取得事半功倍的效果。所以很多深谙销售技巧的人在关键时刻，尤其是在谈判场合都会借助数字来说话。

食品销售人员沈剑,带着销售新产品的目的拜访老客户李东先生。他在开始谈话时,突然意识到,随着竞争对手的增加,再像以前那样靠交情拉生意,恐怕很难奏效了,于是就采取了另一种方式。他说:"李东先生,我又来了!如果有一笔生意,能为你带来2万元的纯收入,你会感兴趣吗?"

李东的眼睛一下子就亮了:"2万元?我当然感兴趣了,你说吧!"

沈剑说:"今年秋天,香料、食品罐头和香肠的价格最起码上涨20%,我已经做了严谨准确的市场调查,按照你去年的销售数量,今年你的销售量和利润率能够有一个很大的增长……"

然后,他就把一系列的数字写了下来,非常准确。这是他的老习惯,对客户的生意十分了解,精确到了每一组数字。他在纸上用这些数字做了计算和预测,得出的结果让李东非常信服。

于是,他马上就得到了李东一笔很大数量的订货,而且预付了超过往年的定金。

在向客户介绍产品、提供服务时,适当地结合一些实际的数字来进行说明,会让自己的话更具权威性,更有专业说服力。并且,客户相信这些数字会给他带来真正的帮助,那么他就会主动加深与你的联系,进而相信你帮他做出的选择。这就是数据的力量!

很多时候,客户对推销人员本能地存在一种怀疑心理。这时候如果推销人员能够拿出一系列统计数字,用数字来说话,相对来说就更容易说服客户。

一位销售人员到某公司推销高速打印机,和该公司的戚主任进行交流,最后因为2000元的价格差异,戚主任有些犹豫。

这时,销售人员说:"戚主任,既然您认为高出的2000元钱不能接

第七章 说服要到位，让客户无法拒绝你

受，那么我就替您计算一下，这2000元钱是否像您想象的这么不值。"

戚主任说："好啊，如果你能说服我，我当然愿意接受你的报价！"

销售人员说："这台打印机的使用寿命是5年，这一点您已经确认了。如果用2000元除以5年，贵公司每年在这台机器上面多投资400元。一年使用打印机的时间应该为50周，如果把400元除以50周，那么每周的投资是8元。"

戚主任点点头："没错。"

销售人员接着说："我知道，贵公司会经常加班，所以按照每周使用6天的时间来计算，应该是合理的。那么麻烦您用8元钱除以6天，答案是什么呢？"

这个数字，销售人员让戚主任自己说了出来："1.3元。"

说到这里，戚主任顿时觉得，为了每天节省1.3元，在这件小事上浪费时间实在是一件可笑的事，也显得本公司太没有气魄了，而且，这台高速打印机的质量又相当不错，比同类产品都要可靠，于是，就笑着接受了销售人员的报价。

这位销售人员并没有因为已经达成协议就满足了，而是继续为戚主任算了一笔账："这种高速打印机功能齐全，还有省时节能的优点，它在一天之内为贵公司创造的利润，节省的人工费，比一个最低工资人员在一小时创造的利润还要多，比较而言这1.3元钱，又算什么呢？"

戚主任听到这里，已经心悦诚服了，频频点头："你说的没错，我们现在就签约吧，本公司日后所有的办公用品，都交给你来代理！"

凭借数字的力量，这位销售人员不仅卖掉了一台打印机，还获得了未来的潜在订单。他的成功之处，就在于有翔实数据的加入，使他的语言具备更强的说服力，让客户无比信服。

用数字来支持你的观点,你的话将更有说服力。虽然数字是枯燥无味的,但有经验的销售人员却知道,数字自有一种非凡的力量,如果能巧妙地加以利用,就能发挥出意想不到的作用。

但由于数字本身是一种符号,容易让人产生麻木或厌烦的感觉,所以使用时要明智而审慎。在使用前,需要注意以下几个方面的问题:

1．数字的准确性;
2．数字的权威性;
3．是否为听众所熟知或接受;
4．数字是否是第一手资料。

使用数字来说服别人的时候,还有一点需要注意:如果只提起数字、数量本身,是不会给人留下深刻印象的,它们必须辅以实例。倘若可能,还必须加上我们自己的经验来讲述,为枯燥的数字注入生命力。这即是说,要让数字所代表的事实,能成为一般人生活经验中的一部分。只有这样,人们对数字才感到亲切,也才能产生兴趣。举例来说,下面的第一种数字陈述方式若能改为第二种陈述方式,则其影响力将显著增强。

方式一:"假如各位接纳我的提议,则公司每年至少能节省67453750元的开支。"

方式二:"假如各位接纳我的提议,则公司每年至少能节省67453750元的开支。从另一个角度来说,倘若节省下来的开支,能以加薪的方式平均分配给公司的每一位成员,则每个人每个月的工资将增加3500元!"

用数字说话,既显得专业,又能给人以信任感。很多人都相信数字。在美国,提供各种数字的市场调查公司,便有350家之多,而且,有1006家大的工商企业,其本身便设有调查部门。在销售中使用数字,可以将讲话内容变得更加丰富具体,使用翔实的数字、数据可以让你所说的话显得更加真实、更加有说服力。讲话内容明确、具体、实在,才能让别人感兴趣。如果只是笼统地介绍,往往会让人觉得不可信赖。

第七章 说服要到位，让客户无法拒绝你

数字的说服力是很惊人的。如果你想让自己的话有说服力，就列出具体数据，仅有漂亮的外表而无内容的话是不会吸引人的。马克思说过："一种科学只有在成功地运用数学时，才算达到真正完善的地步。"说话时，借助数字和数学方法对客观事物进行精确计算和定量分析，有助于人们准确地掌握情况，进一步加深理解。因此销售人员学会用数字说话是增强销售技巧的不二法门。

对症下药，说服不同性格的客户

在苏洵的《谏论》中有一个很有趣的故事：

有这么三个人，一个勇敢，一个半勇敢半胆小，一个人胆小。一次，有人将这三个人带到渊谷边，对他们说："能跳过这条渊谷的才称得上勇敢，不然就是胆小。"

那个勇敢的人以胆小为耻辱，必然能跳过去，那个一半勇敢一半胆小和胆小的人不可能跳过去。

他又对这剩下的两个人说："能跳过这条渊谷的，就奖给他1000两黄金，跳不过则不给。"

这时，那个一半勇敢一半胆小的人必然能跳过去，而那个胆小的人却还是不能跳过去。

突然，来了一只猛虎，凶猛地扑过来，这时，你不用问，那个胆小

的人一定会很快跳过渊谷，就像跨过平地一样。"

从这个故事中可以看出，要求三个人去做同一件事，却需要用三种不同方法来说服他们。如果只用同一种方法，显然是不能使三个人都动心的。说服客户也是如此，对不同的客户要采取不同的态度和方法。

不同性格的客户有各自的行为模式和思维方式。销售人员要真正说服客户，必须做到知己知彼，才能百战不殆。只有把握客户的性格，投其所好，有针对性地进行说服，销售工作才会干得更加出色。

以下就是沙盘推演，面对几种不同类型的客户，销售人员该用何种态度来说服对方。

1. 对待商量型的客户。委托销售人员判断哪种商品适合自己的客户，我们称之为商量型客户。客户之所以找销售人员商量，完全是出于对销售人员的信任，因此销售人员应尽心尽职，不使客户失望。

面对商量型客户，销售人员应做出合理的推荐，并选择在适当的时机提出建议，不要极力推销贵重商品，而不管其是否适合客户的需求。

2. 对待沉默型的客户。这类客户难开金口，沉默寡言，个性内向。进行销售面谈时，他们即使胸有成竹，也不愿意贸然说出。但这类客户往往很有礼貌，对销售人员也很客气，即使你唠唠叨叨，也绝不采取不合作的态度，始终满面笑容，彬彬有礼，只是话很少，此时销售人员一定要想办法让对方先开口说话。但怎样让对方开口呢？这就要看你的口才了。例如，提出对方乐意回答或关心的话题等。和这种客户打交道一定要耐性十足，提出一个问题之后，即使对方不立即回答，也要礼貌地等待，等对方开了口，再提下一个问题。

3. 对待冷淡型的客户。这种客户即使面对面交谈还是有疏离感，就连一般的寒暄都懒得说，一副"有什么事就快说吧"的神色。对待这类生性冷淡的客户，销售人员一定要热情，无论他们的态度多么令人失望，但为了谈出

第七章　说服要到位，让客户无法拒绝你

一个结果，千万不要泄气，主动而真诚地和他们打交道，终究是可以让他们打破沉默的。

4．对待慎重型的客户。这类客户生性谨慎保守，在决定购买以前，对商品的各方面会做仔细的询问，等到彻底了解后才下最后的决心。而在下决心以前，他们又往往会与亲朋好友商量。

对于这样的客户，销售人员应该不厌其烦地、耐心地解答客户提出的问题，说话时态度要谦虚恭敬，既不要高谈阔论，也不要巧舌如簧，而应该以忠实见长，朴实无华，直而不曲，话语虽然简单，但言必中肯，给人敦厚的印象。总之，尽量避免在接触中节外生枝。

5．对待谦虚型的客户。谦虚型客户在挑选商品时，往往会选择价格不高或者质量不是太差、功能不必太齐全的商品。销售人员要辨别对方是否"实话实说"，说的是真心话，还是话语背后隐藏着真实的意图。

当客户买便宜货时，无论消费金额有多少，都应视为上帝，千万不要让客户觉得买便宜货没面子。

6．对待自傲自大型的客户。这类客户摆架子的目的无非是虚荣心作祟，需要别人肯定他的存在和地位。在销售过程中，这类客户经常推翻销售人员的意见，同时吹嘘自己的见识。对于这种客户要顺水推舟，首先让他说个够，不但要洗耳恭听，还要不时附和几句。对于他提出的意见，销售人员不要做正面反驳，等他说完之后，再巧妙地提出你的意见，让他来附和你。

7．对待博学型的客户。如果遇到有真材实料的人，你不妨从理论上谈起，引经据典，旁征博引，使谈话富于哲理色彩，言辞含蓄文雅，既不以饱学者自居，又给人谦冲自牧的好印象。甚至可以把你想要解决的问题，作为一项请求提出，让他为你指点迷津，把对方当作良师益友，就会取得他的支持。

8．对待情绪型的客户。这类客户心情舒畅时非常热情，甚至使你有受宠若惊之感；但他们忧郁时，又会冷若冰霜，出尔反尔，给人一种难以捉摸的

感觉。对待他们最重要的是给予充分的理解,掌握他们的心理变化。例如,当对方情绪不佳时,你能让他倾吐内心的不满,从而使他摆脱心理上的压力,这对你的销售工作将大有帮助。

总之,在销售过程中,销售人员对待不同性格的客户,要采取不同的说话方式,因人施法,因势利导,才能事半功倍。

用讲故事的方式打动客户

真正的销售高手,都是讲故事的好手。讲故事就是为客户设计一个产品的应用情景,让他们看到美好的使用效果。讲故事可以引发共鸣,可以激发兴趣,显得平易近人,更能深入人心。用讲故事的方法来介绍自己的产品,与客户沟通,能够收到很好的效果。

原一平是位讲故事的高手,他在做销售工作时,假如顾客拒绝他,他就会讲下面这个故事:

自从美子的丈夫病重后,由美子创办的互助会里的一些会员担心互助会会垮掉,纷纷要求退会费。

"能不能提前支取会费啊?如果不行,你把我缴过的会费还我就好,利息我不要了。"

佳子是美子的好朋友,一大早,她也来了。

"美子小姐,我们家最近要买房子,贷款本息负担很沉重。能不能商量一下，把会费还给我们。"

美子感受到世态炎凉。

"我是不得已才做这样的。"佳子不死心地缠着她。

"佳子，我和你是多年的知心朋友，你这样苦苦相逼，叫我很心痛。"场面尴尬起来，美子本来想把丈夫有张人寿保险单的事说出来，但是她又想，这样做好像期盼丈夫早点去世，于心何忍。

一面看着丈夫因癌细胞扩散而身体一天天虚弱，一面又要应付各种经济上的问题，美子有点承受不住。但是这个家除了她，谁来撑呢？子女还小，美子必须坚强起来。

丈夫还是走了。丈夫的保单索赔虽然只有1000万，办丧事及医药费花去一部分，但是至少不用去借债，剩下的一些钱存着，心中踏实多了。

因为有这张保单，互助会的成员们也没有追着说要退会费了。这张保单既保障了美子一家人的生活，又保障了互助会的运营。

原一平利用这个故事说明在世态炎凉、人情似纸、生活艰难的处境下，买保险有多么重要。

在保险销售的过程中，讲保险故事是很重要的一环。有些客户没有保险意识，听了保险故事才会被点醒。

有人问原一平："你是怎么训练自己讲保险故事的？"

原一平说："有些人以为我本身就具有近乎演员的天赋，其实不是。我自己每讲一个保险故事，就像演员一般从背诵剧本到融入角色，认真练习一二十次，直到抓住故事的精髓为止。"

"保险故事在保险销售里头，具有强烈的催化作用，讲得越好，催化力越强。"原一平道出自己的心得。

在销售中，用讲故事的方式来介绍产品的话，会起到很好的效果。适宜

的好故事，胜过推销员反复说教的力量。用故事说话，有时产生的感染力是无穷的，它就像巫师手中的魔法石，能产生让客户无法抗拒的魔力，甚至为推销员省去千篇一律的烦冗的毫无吸引力的推销词。

其实，任何商品都有很多有趣的话题，比如它的发明、生产过程，能够带给客户的好处等。而作为销售人员来讲，就可以从中挑选出一些生动、有趣的部分，组合成一个个动人的故事，并作为销售的一种有效的方法运用到工作中去。用这种方法，你就能迎合客户、吸引客户，使其产生信心和兴趣，进而毫无困难地达到销售的目的。

在日本有一个人叫藤田田，他是日本麦当劳株式会社的名誉社长。但在很多年前，藤田田只是一个打工仔。他手中只有5万美元，但他却把眼光放在美国的麦当劳上了。那时，麦当劳是世界闻名的连锁快餐公司，想要获得特许经营权，至少需要75万美元的资金。这个数字对于藤田田来说不亚于天文数字，但是，藤田田没有放弃。他唯一的办法就是贷款。

为此，他敲开了日本住友银行总裁办公室的门，诚恳地向总裁说明了来意。听完了他的讲述，总裁问他有多少现金，有没有担保人。藤田田如实说了，告诉总裁自己没有担保人。

总裁很客气地说："那你先回去吧，我们讨论一下你的要求。"一般人听到这话，就知道对方是委婉地拒绝自己了。但藤田田没有气馁，而是留下来继续和总裁交谈。

藤田田说："我有最后一个请求，您能不能给我三分钟的时间，听听我那5万美元的来历？"得到准许后，他开始讲述："您也许会奇怪，我这么年轻怎么会拥有这笔存款？其实多年来我一直保持着存款的习惯，无论发生什么情况，我每个月都把工资、奖金的三分之一存入银行。不论什么时候想要消费，我都会克制自己咬牙挺过来。因为我知道，这些钱是我为干一番事业积攒下来的资本。"听了这话，总裁的兴趣一下就被激发出来了:"那你能不能告诉我你存款的银行?我尽快答复你。"

藤田田离开之后,总裁给对方银行打电话求证藤田田的话。得到答复后,总裁马上打电话给藤田田:"我们住友银行,无条件地支持你经营麦当劳的举动。"藤田田很诧异。总裁接着说:"其实原因非常简单。藤田田先生,我的年龄是你的两倍,我的工资是你的30倍,可是我的存款到现在都没有你多。年轻人,我是不会看错人的,加油吧!"

就这样,藤田田用三分钟的时间创造了一个商业奇迹。

上例中的藤田田通过讲述自己存钱的经历,突出了他的性格特质——踏实。任何一个企业创始人或者投资者都应当具备一定的特质,这样才能保证投资的顺利进行,这个特质就是脚踏实地。毫无疑问,他的这个特质征服了住友银行总裁。

事实证明,如果你能讲出一个好故事,让故事与产品结合起来,就会给客户留下深刻的印象。所以,学会讲故事,能够让销售变得很简单。这是销售的一个秘诀,同时也是销售高手的天赋,他们每个人都是讲故事的大师。

为客户讲一个故事并不困难,实际上,这是销售人员的日常工作。你需要在平时就注意收集资料,加大阅读量,并将得到的信息分门别类,存储在大脑中。当你需要时,就把它们调动出来,加以润色,在合适的时机,结合不同的产品,用合适的方式讲给你的客户听。

那么我们在平时的生活中应该注意积累哪些方面的素材呢?我们给客户讲述的故事可以包括哪些内容呢?

1. 惊叹式故事。用任何可能激发听众兴趣的方式,先吊起他们的胃口,引起顾客的惊叹,然后再向他们进一步解释。销售的开头,是你吸引听众的最佳时机。

2. 幽默故事或笑话。以幽默故事或笑话的形式开场可以缓解紧张的气氛。但在使用时必须慎重,你要在你认为适合时使用,而且你能够讲得绘声

绘色、惟妙惟肖，起到锦上添花的作用。

3. 与个人经历相关的故事。用自己与产品相关的故事开场也不失为一个特点鲜明的选择。通过这种亲身经历可以迅速拉近你与听众的距离，博得听众的同情与好感，同时也使你讲的主题得到认可。

第八章
嫌货才是买货人,轻松化解客户的异议

第八章　嫌货才是买货人，轻松化解客户的异议

化解客户的异议，赢得客户的信任

在销售过程中，客户会随时提出各种疑问或是用各种理由来挑剔商品，包括对商品的性能、质量、外观、价格、售后服务等方面有不清楚、需要进一步解释的问题，或是对商品品质不信任而产生的某种异议，也有可能是其他的异议。

客户对商品提出反对意见是销售活动中的一种必然现象，它既是成交的障碍，又是客户有购买意向的征兆。如果客户没有购买的兴趣和动机，也就不必在商品上多费心思和口舌了。实际上，客户的反对意见使他参与到了销售活动中来，说明他期望与销售人员沟通信息。所以你若想成功地销售你的产品，就必须做好应付和消除顾客异议的准备。

某商场负责采购的经理在采购一批某厂家的洗发水时，由于想在价格上争取到最大折扣，因此他就挖空心思地去找毛病。在抽样中还真的发现了一瓶分量不足的产品，于是他便趁机以此为理由，采取不依不饶的态度，坚决要求降价。

不料，厂家派来的销售人员经验非常丰富，他很平静地回答了这位经理："经理，你知道美国有一个专门生产军用降落伞的工厂吗？其产品的不合格率为万分之一。当我们听到这个数字时会不会为他们的高质量感到惊讶呢？尽管不合格率很低，尽管质量已经非常好了，但同样意

味着，在1万名士兵中就会有一名士兵会因降落伞的质量问题而牺牲，无论是落到谁的头上，都是残忍的。当然，拿士兵的生命开玩笑是他们不能容忍的，同样军方也是不能容忍的。于是，他们在每次进行抽检时，就会让工厂的主要负责人亲自跳伞做试验，从那以后，产品的合格率全部为百分之百。同样的道理，如果你们提货后，能将那瓶分量不足的洗发水赠送给我的话，我将会和公司的相关负责人一起分享。这可是我们公司成立15年以来，首次使用免费产品的好机会啊！"

这位销售人员的回答非常有水准。首先，他讲了一个故事，通过这个有一定幽默性的故事来缓和一下僵持的气氛，并以此来减少客户的烦躁心理。然后，销售人员阐述了拒绝的理由，即从合格率的角度表明这件产品存在的合理性，从而让那位采购经理无话可说。

在销售洽谈过程中，顾客往往会提出各种各样的异议，并且这些异议自始至终地存在于销售过程中。这既是整个销售过程中的一种正常现象，也是使销售走向成功时必须跨越的障碍。从这个意义上说，每当遇到顾客提出异议，才算整个销售工作真正开始。因此，正确对待并妥善处理顾客所提出的有关异议，是现代销售人员必须具备的能力。销售人员只有正确分析顾客异议的类型和产生的原因，并针对不同类型的异议，采取不同的策略，妥善加以处理，才能消除异议，促成交易。

一个销售人员要想获得成功，必须正确对待和处理顾客的异议，在处理异议时至少要遵循以下几个原则。

1. 事前做好准备。"不打无准备之仗"是销售人员处理客户异议应遵循的一个基本原则。销售人员在走出公司大门之前就要将客户可能会提出的各种异议列出来，然后考虑一个完善的答复。面对客户的异议，做一些事前准备可以做到心中有数、从容应对，反之，则可能不知所措，或不能给客户一个圆满的答复以说服客户。国外（尤其是美国和加拿大）的许多企业经常组织一些专家

第八章 嫌货才是买货人，轻松化解客户的异议

来收集客户的异议，制订标准应答用语，要求销售人员牢记并加以运用。在实践中，编制标准应答用语是一种较有效的方法，具体程序如下：

步骤一：把大家每天遇到的客户异议写下来。

步骤二：做分类统计，依照出现频率排序，出现频率最高的异议排在最前面。

步骤三：以集体讨论的方式编制适当的应答用语，并编写、整理成文。

步骤四：请大家熟记在心。

步骤五：由老销售人员扮演客户，大家轮流练习标准应答用语。

步骤六：对在练习过程中发现的不足，通过讨论进行修改和完善。

步骤七：对修改过的应答用语进行再练习，并最后定稿备用。最好是印成小册子发给大家，以供随时翻阅，达到运用自如、脱口而出的程度。

2. 要听顾客讲完。当顾客不断地提出异议，其实就为你提供了说服顾客的资料。如果顾客说了几句，销售人员就还以一大堆反驳的话，不仅打断了顾客的讲话而使他感到生气，而且还会向对方透露出许多信息，当对方掌握了这些信息后，销售人员就处在不利的地位，顾客便会想出许多拒绝购买的理由，结果当然就不可能达成交易。

3. 选择适当时机。美国某权威机构通过对几千名销售人员的研究发现，优秀销售人员所遇到的客户严重反对的机会只是普通销售人员的十分之一，主要原因在于：优秀的销售人员对客户的异议不仅能给予一个比较圆满的答复，而且能选择恰当的时机进行答复。可以说，懂得在何时回答客户异议的销售人员会取得更大的成绩。销售人员对客户异议答复的时机选择有四种情况：

（1）在客户异议尚未提出时解答。防患于未然是消除客户异议的最好方法，销售人员觉察到客户会提出某种异议，最好在客户提出之前就主动提出并给予解释，这样可使销售人员争取主动，做到先发制人，避免因纠正客户看法或反驳客户的意见而引起不快。销售人员完全有可能预先揣摩客户异

议并抢先处理，因为客户异议的发生有一定的规律性，如销售人员谈论产品的优点时，客户很可能会从最差的方面去琢磨问题；有时，客户没有提出异议，但其表情、动作及措辞和声调却可能有所流露，销售人员觉察到这种变化时可以抢先解答。

（2）在异议提出后立即回答。绝大多数异议需要立即回答，这样，既可以促使客户购买，又表示对客户的尊重。

（3）过一段时间再回答。以下异议需要销售人员暂时保持沉默：当异议显得模棱两可、含糊其词、让人费解时；当异议显然站不住脚、不攻自破时；当异议不是三言两语就可以解释得了时；当异议超过了销售人员的能力水平时；当异议涉及较深的专业知识，不易为客户马上理解时……急于回答客户的此类异议是不明智的。经验表明：与其仓促答错10题，不如从容答对一题。

除此之外，还有许多异议不需要回答，如无法回答的奇谈怪论、容易造成争论的话题、废话、可一笑置之的戏言、异议具有不可辩驳的正确性、明知故问的发难等。销售人员可以采取以下处理技巧：沉默；装作没听见，按自己的思路说下去；答非所问，悄悄扭转对方的话题；插科打诨幽默一番，最后不了了之。

4．不要跟顾客争论。顾客提出异议，意味着他需要了解更多的信息。一旦与顾客发生争论，拿出各种各样的理由来压服顾客时，销售人员即使在争论中取胜，然而却彻底失去了成交的机会。

销售人员在遇到异议时，还必须把顾客和他们的异议分开。也就是说，要把顾客自身同他们提出的每一个异议区别开来。这样，你在处理异议时才不会伤害到顾客本身。要理解顾客提出异议时的心理，要注意保护顾客的自尊心。如果你说他们的异议不明智、没道理，那么你就是在打击对方的情绪，伤害他们的自尊心，尽管你在逻辑的战斗中取胜，但你在情感的战斗中却失败了，更不可能在交易中获得成功。

5．引导顾客自己回答他们的异议。成功的销售人员总是诱使顾客自己回

第八章 嫌货才是买货人，轻松化解客户的异议

答他们的异议。有一句销售格言："如果你说出来，他们会怀疑；如果他们说出来，那就是真的。"顾客提出异议，说明在他们的内心深处想进一步交谈，只要引导他们如何做就行了。只要你在这方面努力，给顾客时间，引导他们，大多数顾客会回答他们自己的异议的。

巧妙施压，让销售由被动变主动

在销售过程中，当销售人员面对客户的异议(无论是借口还是真实的拒绝)，采取不作为的方式时，客户感受不到任何压力，因而就可以轻易逃脱，从而降低了销售成功的概率。如果销售人员适当地给客户施加压力，就可以使销售由被动变主动，压力不可以太大也不可以太小，大了让客户讨厌，小了没有任何作用。

对客户施加压力并不是强迫客户来买你的商品，而是运用一种心理战术，使客户无形中感到一种压力，这种压力是他们自己产生的，他们感觉不到这是由于销售人员而造成的。

销售人员应该具有高度的说服力，要使你的话深得人心，能引起他们的共鸣。使用这种推销法，事前必须小心从事，做好充足的准备。在洽谈的过程当中，恰到好处地改变当时的气氛，如果说中间有一步弄错，则会满盘皆输，生意泡汤。这种方法，对那些说服力强、应变能力好的销售人员特别适用。下面是应用此法的一些语言技巧，涉及各个方面，可供参考：

"这种类型的衣服，我觉得不适合你工作的环境，看看宽松一点的怎么

样？也许会更适合你的要求。"

"这件商品的价值，如果按天计算，每天只需要三四块钱，而每天哪个地方不能省三四块钱。少抽半包烟，把节省的钱用在这件有意义的商品上多划算！"

"我认为您应该再做一些考虑，购买这一类型的商品会给您造成较大的经济负担。而这一类商品就不同了，功能也能满足您的要求，价位也很合适。您仔细考虑一下，看看我说的有没有道理。"

"假若我没记错的话，您在结婚时，曾经在我们公司为您妻子订购了两件商品，听说您妻子非常喜欢。现在我们推出了新款商品，与您之前购买的可以完美搭配，效果非常好，我可以为您重点介绍一下。"

"如果您认为从我们公司进货，比从别的地方进货能赚到更多的钱，那么，现在我们公司推出了一个新的项目，参与的客户不但能享受到更大的优惠，年底的时候还可以得到一份丰厚的大礼包。机会难得，您可千万不要错过了。"

总之，就是要通过恰当的语言营造一个诱人的情景，让情景向客户施压，让客户走上你为之设定好的路线，最终达成交易。

第八章　嫌货才是买货人，轻松化解客户的异议

用反驳法应对客户的异议

所谓反驳法，就是指销售人员根据事实直接否定客户异议的处理方法。理论上讲，这种方法应该尽量避免。直接反驳对方容易使气氛僵化而不友好，使客户产生敌对心理，不利于客户接纳销售人员的意见。但如果客户的反对意见是产生于对产品的误解，而你手头上的资料可以帮助你说明问题时，你不妨直言不讳。但要注意态度一定要友好而温和，最好是言之有据，这样才有说服力，同时又可以让客户感到你的信心，从而增强客户对产品的信心。

下面先介绍反驳处理法的一些应用实例：

"一样的东西，你比别人卖得贵！"一位顾客提出了价格异议。经过分析，销售人员认为上述顾客异议不能成立，于是给予明确地反驳："这位先生，不会吧！本公司已经实行销售标准化，产品价格有统一的标准，这是本公司的产品价格目录，请您看这里……"在这种情况下，销售人员使用反驳处理法，直接否定顾客异议，提供更多的销售信息，打破顾客的各种借口，促成交易。

"据说贵公司没有服务部门和服务人员，花这么多钱买下来，万一坏了，怎么办？"一位顾客提出了服务异议。销售人员认为上述异议的根源在于顾客的偏见，应该向他提供更多的销售信息，于是就说："先生，您可能还不知道有关情况，事实上，本公司已经在各大城市设立了

专门的服务机构，向用户提供各种技术服务和信息服务。请看这张产品销售区域示意图，本地服务部设在这里……"在这种情况下，销售人员使用反驳处理法，既可以直接否定顾客异议，又不会冒犯顾客。

从上述事例中可以看出，正确地使用反驳处理法，可以有效地处理有关的客户异议，直接促成交易。

为了有效地处理各种客户异议，在运用反驳处理法处理客户异议时，销售人员应注意以下情况：

1. 必要时直接反驳客户异议。

客户："我不会跟你们合作的，因为贵公司经常延迟交货，简直是糟糕透顶。"

销售人员："孙经理，您这话恐怕不太对吧？在我接触的客户中，还没有客户这样讲的。他们都认为本公司的信誉是很好的，在同行之间也是有口碑的。您这么说，可否举出一个实例？"

在这个案例中，这样的问题是必须直接反驳的，因为"延迟交货、不守信誉"是异议的重点。如果真有此事，客户必然能够举出实证，销售人员应该立刻向上级反映，设法挽回。但如果客户的说法只是传言，并无实在的证据，异议也就得到了解决。

直接反驳客户异议时，销售人员应该注意以下几点：

（1）态度要委婉。直接反驳客户的异议，必然会在一定程度上引起客户的不快，为了避免触怒客户，销售人员应该态度真诚，语气诚恳，面带微笑，切勿怒言斥责或者挖苦客户，如："如果贵公司坚持这个价的话，请为我公司的员工准备过冬的衣服和食物，总不能让我们的员工饿着肚子、瑟瑟发抖地为你们干活吧。"

第八章 嫌货才是买货人，轻松化解客户的异议

（2）对事不对人。在直接反驳客户时，最忌讳的就是伤害客户的自尊，销售人员在委婉说话的同时，还要考虑客户的感受，使反驳意见针对事情本身，而不要针对客户，这样可以尽可能减少客户的负面心理感受。

（3）针对性处理。如果客户的异议是以问话形式提出的，运用直接反驳法还是比较好的，这样容易给对方一个肯定自信的感觉，而且因为对方采用的是问话形式，所以在语气上并不会给对方造成多大的心理冲击。

2. 用间接反驳代替直接反驳。直接反驳客户，操作不好容易使双方谈话沟通的氛围僵化而不友好，虽然可以说服客户，但容易使客户产生敌对的心理，不利于客户接纳销售人员的意见和建议。如果可能的话，销售人员应尽量采用间接反驳来代替直接反驳。

间接反驳客户，指的是销售人员在听完客户的异议后，先肯定对方异议的某一方面，再陈述自己的反对意见，这种方法又叫作迂回否定法。

例如，客户说："你们这个项目，并不如你说的那么完美，其中有不少的漏洞存在。"如果销售人员直接反驳说："孙经理，你错了。你根本没有听明白我的意思。"必然会引起对方的不快，给对方造成心理冲击。如果销售人员说："孙经理，您说得对，一般客户在看待这个问题时，会有和你相同的看法。即使我自己，也会这样想。但如果仔细地想一想，再深入研究一下，您就会发现……"这样对客户说话，容易扭转客户的想法，逐渐让客户同意你的意见。

使用间接反驳法，可以采用以下两种方法：

（1）转化异议。这种方法指的是以客户的异议为说服客户购买的理由，虽然也是反驳，但在感觉上不容易引起客户反感，可以深入展开话题。

（2）肯定形式，否定实质。每个人都渴望被理解和认同，间接反驳客户，可以先从对方的意见中找出彼此一致同意的内容，予以肯定，产生共鸣，之后再借势说出你的不同看法。这里肯定的只是次要的部分，否定的是问题的本质，但容易被对方接受和认同。

以问代答，巧妙提问化解异议

在销售的过程中，处理客户的异议是难点，也是关键点。如果能顺利地说服客户，解决客户的异议，那么成交就会水到渠成。

很多时候，客户提出异议时会问出各种各样的问题，或者摆出五花八门的理由来。这时，销售人员面对客户的异议，不妨采取"以其人之道还治其人之身"的办法，用巧妙的提问来解答异议，将客户的种种问题一一化解。

"你的东西是很好，不过，现在我还不想买！"一位顾客提出了有关购买时间的异议，直接阻碍成交。经过分析，推销人员无法确定上述顾客异议的真实根源。由于无法明确有关顾客异议的根源，推销人员就不能反驳和否定顾客异议，也不能利用和转化顾客异议，更不能肯定补偿顾客异议，而应该使用询问处理法来处理有关顾客异议，可以直接追问顾客："易经理，既然东西很好，为什么您现在不买呢？"在这种情况下，顾客就会提供更多的信息，推销人员可以有针对性地加以引导，找出异议根源，再进行下一步的处理。

"好了，不管你怎样说，这东西就是不太好！"一位顾客提出了有关产品品质的异议，直接阻碍成效。经过分析，推销人员无法确定上述顾客异议的真实根源。对于这类真相不明的顾客异议，应该使用询问处

第八章 嫌货才是买货人，轻松化解客户的异议

理法，直接追问顾客："邓经理，请问，您说这东西不太好，您认为哪些方面存在问题呢？"在这种情况下，推销人员就要针对顾客的进一步表述，找出异议根源，再做其他处理。

"就这玩意儿，要5万块钱？"这位顾客提出了有关价格的异议，直接阻碍成交。经过分析，推销人员无法确定上述顾客异议的真实根源。由于不了解有关顾客异议的根源，推销人员应该使用询问处理法，直接追问顾客："马主任，我们这件产品，您说要多少钱合适呢？"在这种情况下，推销人员将谈话主导权交给顾客，引导顾客进一步表露意图，找出顾客异议的根源，再做其他处理。

从上述实例中可以看出，通过提问处理法，销售人员可以进一步了解客户，从被动地听客户申诉异议转为主动的提出问题与客户共同探讨，获得更多的客户信息，为进一步销售奠定基础。因此，发问是一个被广泛应用的处理客户异议的方法。

乔·库尔曼是美国金牌保险推销员，也是第一位连任三届美国百万圆桌俱乐部主席的推销员。他成功的秘诀之一就是擅长渗透性提问，如顾客说"你们的产品价格太贵了"，他会说"为什么这样说呢？""还有呢？""然后呢？""除此之外呢？"……并且在提问之后马上闭嘴，让顾客尽情地说。"顾客说得越多，表示越喜欢你"，这是每个销售人员都应该记住的一句话。

通常顾客一开始说出的理由并不是真正的理由，提问的好处在于你可以挖掘出更多的潜在信息，更加全面地做出判断。而通常当你说出"除此之外"的最后一个提问之后，顾客都会沉思一会儿，谨慎地思考之后说出他为什么要拒绝或购买的真正原因。

对于销售人员来说，会问比会说更重要，如果能通过询问掌握客户产生异议的真实原因，就能从根源上消除客户的异议。在实际销售过程中，一

些客户的异议仅仅是客户用来拒绝购买而信手拈来的一个借口，不一定与客户的真实想法完全一致。这时，销售人员就可以采用提问法来处理客户的异议。

销售人员在运用提问法处理客户异议时应注意以下问题：

1. 及时询问客户。只有及时询问客户，才能了解客户的真实想法，才能引导客户把产生购买障碍的真正根源讲出来。

2. 针对有关的客户异议进行询问。对于那些对销售或成交无关的异议，次要的或者是无效的客户异议，则不应该进行询问；只应对那些不处理就不能成交的客户异议进行询问及了解，以便提高销售效率。

3. 追问应适可而止，并注意尊重客户。销售人员追问客户的有关异议，只是为了弄清楚客户拒绝购买的原因，因此，追问应适可而止，不应把客户逼到山穷水尽的地步。

4. 讲究销售礼仪，灵活运用方法。销售人员应讲究追问的姿态、手势、语气，避免使客户产生心理压力。如距离客户不要太近，不要居高临下，不要用严厉的语气追问客户等，而应使客户在感到受尊重和被请教的情况下说出异议根源。

第八章 嫌货才是买货人，轻松化解客户的异议

处理客户异议的常用方法

销售人员对客户的异议往往抱有负面看法，甚至对客户的异议怀有挫折感与恐惧感。但是，经验丰富的销售人员却能从另外的角度来体会异议，并揭露出另外的含意。比如，从客户的异议中判断客户是否真的有购买需求，从客户的异议中了解客户对你的接受程度，等等。这有助于你迅速调整销售战术。

而要做到这一切的前提是对于客户的异议要有正确的处理方法，最重要的是销售人员要了解处理的流程，或者说，你要找到一种可以套用的模式，遇到客户的异议，直接将处理方法按照这种模式套上去就可以了。下面，我们就介绍几种处理客户异议的常用方法。

1. 忽视法。这是销售人员最常用的方法，此方法的核心就是不要过分在意客户的异议。

一名销售人员在拜访经销商时，经销商一见到他就抱怨起来："你们这次的广告拍得太烂了，怎么能找个一点也不出名的人啊，谁看了也不认识，这样的话，怎么能引起老百姓的注意呢？为什么就不考虑找明星呢？你们的广告拍成那样了，现在我真是对以后的销售没有什么把握！"

当遇到诸如此类的反对意见时，尽管客户表现得怒气冲冲，但销售人员无须做出详细解答。因为一名销售人员是解答不好这种问题的，另外，如果给予解答势必会说出公司的一些机密。其实，经销商这么说应该另有原因，

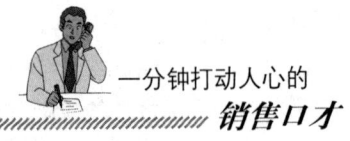

所以对于这样的问题，你只需要面带微笑，同意他的观点就是了。

当客户提出的异议和眼前的交易扯不上任何关系时，销售人员没有必要多加解释，要避免节外生枝，可以表示同意对方的看法，或者是对对方的看法表示赞赏。只要能够满足客户表达的欲望，就可以迅速引开话题，而忽视法的真正用意就在于此。

2. 正面回复法。面对客户提出的异议，销售人员要及时地从正面回复。之所以要这样去处理，是要对客户的异议表示理解，其目的是尽量不和客户之间产生对立的情绪。人都有保护自己的本能，直接指出客户的观点是错误的，会让客户更加维护自己的观点，而你肯定的回答会让客户认为你和他是站在同一战线上的，比较愿意接受你的意见。

表示其他人也有类似的看法，则是给客户一个台阶下，人们最怕别人不给他面子，即便客户真的错了，也要给他下来的台阶。当销售人员表示其他很多人都有过类似看法的时候，客户心里就会想，即使我的看法有一些不合适的地方也很正常，反正又不是我自己一个人有这种想法，这些所谓的其他人就是给客户的台阶。

帮助客户找到正确的信息则是关键所在，可以用比喻、分解等方法来处理。比如，客户说"你们的速度太慢了，达不到要求"，运用正面回复法就是要这样回复："我非常理解您对于速度方面的关注，其他的一些客户也有类似的看法，同时我们认为速度是应该建立在安全性之上的，因为这款产品安全性的设计达到了……所以速度……"

3. "太极"法。顾名思义，就是指使用太极中借力打力的技巧，利用对方自身的问题来应对其异议以达到解决的目的。此法运用到销售上的基本做法，就是当客户提出不购买的异议时，你可以立即回复说："我认为，这正是你应该购买的一个重要的理由……"这样就可以将顾客的反对意见直接转换成他为什么必须购买的理由。举例如下：

经销商："你看你们公司，将大把的金钱都花到做广告上面去了，能有

第八章 嫌货才是买货人，轻松化解客户的异议

什么用啊，这样浪费金钱还不如把钱省下来，来加大我们进货的折扣呢。这样让我们的利润多一点，我们也能更加努力地为你们卖货。"

销售人员："您的意思我能够明白，就是因为我们在宣传的过程中投入了大量广告，客户才会被吸引来购买这种产品。同时，此做法不也是为您节省了进行市场宣传的时间和精力吗？并且，在客户前来购买时，也有利于提高其他产品的销售。由此可见，您的总利润还是很大的啊！"

4. 转换定义法。将客户的异议通过引导转换为另外的一种定义，就是转化定义法。在转化定义法的使用过程中，起到核心作用的便是词汇语言的转换，通过相近意思的词汇调整异议的含义。销售人员学会改变词汇的定义，就能深深影响客户的心情与后继的行为。

例如，客户不耐烦地说："你们的价格太贵了。"这本身就是一种事实，自己的产品相比竞争对手而言确实要高出30%，这时候销售人员可以这样回答："您是担心性价比不够高吗？"这里的"价格贵"与"性价比"看似没有很大分别，但是如果你仔细思考，就会发现两者之间有着天壤之别，完全带给客户不同的感受。

将客户异议的关键词汇挑出来，然后用其他看似相近的词汇替代它，利用不同的词汇所具有的积极或者消极的思考方向，就可以改变客户对于原来异议的看法。

5. 转移话题法。任何产品或者服务都有着它自己的优势和劣势，这是很自然、不可避免的事情，但是麻烦的地方在于，客户可不是这么想的，客户总是希望用最少的钱买到最好的产品，所以客户有时候所提的异议确实让销售人员给予不了满意的答复，这是很正常的。

对于这种情况，最好的办法就是转移话题，比如，可以这样说："您的意见确实很重要，待会儿我就给您一个正面的回答，现在让我们先讨论一下最重要的配置问题。"等到讨论完配置之后，客户是否还记得刚才所提出的异议又是一个问题，即使还记得，你也可以利用这比较长的时间想到合理的

对策。

或者还可以这样和客户说:"您的意见很好,同时我觉得只有我们首先确立了整体的配置之后,才比较方便去考虑您所提到的保修期和预算的问题,所以我们可以先看看到底什么样的配置才能够满足您公司对办公系统的需求。"

将话题先转移到你比较有优势同时客户也比较关注的地方,并且强调你的优势对于客户的重要意义,然后再轻描淡写地说:"这么高的配置,价格也会稍微高一点,不过从满足贵公司的需求以及整体的性价比来看,还是非常划算的。"等到客户认可了高配置的重要意义之后,他为此多付一些费用也是理所当然的事情。

如果销售人员实在没有什么好的处理方法,一切都不奏效,甚至可以这样和客户说:"张经理,您稍等一下,手机没有电了,我找一下充电器再帮您打过去,不好意思。"然后马上去问公司的同事应该如何处理,找到答案再接着处理。

总之,针对客户的异议与拒绝,销售人员应该充分发挥个人的口才能力,配合以上几种方法,引导客户异议向你预期的方向转化。

第九章
成交才是硬道理,该出手时就出手

第九章 成交才是硬道理，该出手时就出手

巧用激将法，让客户主动成交

我们常说"请将不如激将"，在销售洽谈的成交阶段，销售人员若能巧妙地运用激将法，一定能收到积极的效果，赢得更多的成交机会。这就是我们熟知的激将成交法。激将成交法，就是销售人员运用适当的语言技巧巧妙地刺激客户，但又不伤害客户的自尊心，使客户在逆反心理的作用下完成交易活动的成交方法。

先生陪太太逛商场，他们来到了服装专卖柜台。服装销售人员看到他们来看衣服，急忙上来微笑着打招呼："这位姐姐，请问您需要什么呢？""我就随便看看，你忙你的吧。"太太随口说道。"姐姐您看，这是我们专柜刚到的新货，是今年最流行的款式……"太太看了看没说什么又到别处转了。

销售人员看这位太太似乎没什么兴趣转而问先生："请问您需要什么呢？""哦，我陪我老婆来的，就刚刚你叫姐姐的那位。""现在愿意陪老婆逛街的男人真不多了，真羡慕你们夫妻。您太太真漂亮，而且气质出众，再加上您给她做参谋，买的衣服一定会非常合适。"

销售人员一边跟先生攀谈，一边注意着太太的动向。当她看见太太在一件衣服前面徘徊时，马上走过去取下衣服说："姐姐您真有眼光，这件衣服在我们这儿卖得特别好，很适合您这样的身材，您先穿着试试

看吧，效果一定特别棒。"

太太没有反对，拿着衣服就去了试衣间，出来之后真是让人眼前一亮。太太在镜子前面看了又看，很满意的样子，看来已经有购买的意向了，但是问了价格之后觉得太贵了，有些犹豫。

旁边的先生一直没有说话，销售人员转身对先生说："您也看出来了，您太太穿上这件衣服非常合适，她也很喜欢，可是她却犹豫不决。这个时候作为丈夫，您该为妻子拿主意了吧？"先生笑着摆摆手说："还是让我太太自己拿主意吧，买不买她自己决定。"

销售人员捂嘴偷笑说："原来先生您也是'妻管严'啊，全听老婆的，真是好丈夫。不过话说回来，我听说男子汉大丈夫，对心爱的女人喜欢的东西，会毫不犹豫地去满足她，这样会让女人更死心塌地，不能犹犹豫豫的。"

听到销售人员这么说，先生脸上有点儿挂不住了，他走过去对太太说："要是喜欢就买下吧，不在乎那几百块钱的差价，我老婆就应该穿得漂漂亮亮的。"太太没有吭声。先生转身对销售人员说："小姐，把衣服给我们包起来吧，谢谢。"夫妻俩到收银台付了钱，高高兴兴地离开了。

在上面这个案例中，这个销售人员在出售商品的过程中就使用了激将法。她准确地把握住了夫妻两个人的心理，在妻子犹豫不决的时候，只要"激怒"了丈夫就可以成功地卖出这件衣服。销售人员在和丈夫攀谈的过程中，顺着丈夫的话往下说，在不伤害其自尊的前提下，巧妙地对其自尊进行压制，使得这位丈夫感觉要是不买下那件衣服就会被人看不起，于是他便打消了妻子的顾虑，并最终买下了那件衣服。

在购买产品的过程中，客户往往容易产生较强的好胜心理。激将法就是针对他们的这种好胜心理施加影响，使得他们因好胜而不再过于理智。这

第九章　成交才是硬道理，该出手时就出手

样，客户为了满足自己的好胜心理，为了顾及自己的面子，往往不再计较此前特别看重的一些"成交细节"。

一位销售人员在向客户推销产品时，客户对产品挑不出不满意的地方，在经济上也比较富裕，但在做出决定是否签单时很犹豫。

为了促使这位客户迅速签单购买产品，销售人员巧妙地使用了激将法。

销售人员对客户说："先生，您的顾虑我很理解。在这个世界上，很多事情都是这样的。一个人对他越是感兴趣、越是喜欢的东西，就越是不敢勇敢地追求它，越是不敢积极地去争取拥有它。这是一种很可悲的心态。您说是不是？每一个人活在世上，都有他自己的信仰和人生目标。怎样才能实现自己的人生目标呢？只有凭借自己坚定的信念，不懈地努力才能最终实现这些。正因为它是人生中最伟大的事业，才会有如此多的有识之士为实现这一目标花费毕生的精力。我们要问，他们的动力源自何处？他们的动力主要来自他们的信仰，他们心目中的崇高的人生目标，它激励着人们永不停息地追求。"

客户听了这些，觉得有一定的道理，就轻轻点了点头。

于是，销售人员就接着说："是啊，自己认为有价值、有意义的东西，怎能不去努力追求呢？但就是有这种人，我认为他们的生活实在是没多大意义，至少可以说他们是没有勇气的。这种人遇到自己喜欢的东西却不去努力争取，遇到机会来临却没有勇气去抓住，所以他们的一生都碌碌无为、平平庸庸，理想依旧是梦中的理想。我经常想，这些人为什么不果断一点呢？为什么不积极去争取和把握机会呢？我想，先生您一定不是这种人吧？"

客户听到这里，不自觉地说："当然。我当然不是这种人。"

销售人员说："您当然不是这种人。正因为如此，我们才如此欣赏

您。现在，如果您觉得这件产品还行的话，如果您对我们的产品和服务没有什么异议的话，就行动起来吧。在这里签下您的名字就行。"

说着，销售人员就把订单递到了客户面前。

在上例中，客户被销售人员一阵激将，再也不像之前那样犹豫了，因为客户不愿意承认自己是那种不果断、遇到机会犹豫不决的人，而不果断签字就是在事实上承认自己是那种人。这对于一个有尊严的男子汉来说，是无法接受的。客户想到自己确实对产品和服务没有什么异议，自己确实需要购买这种产品，便迅速与销售人员签下了订单。可以说，激将法通过触发顾客的自尊心和好胜心，促使顾客在犹豫不决时做出果断的购买决定，是一种极佳的销售技巧。

在销售过程中，激将法是销售人员促成订单的常用技巧之一，也是巧妙地"逼迫"客户成交的技巧之一。要想成功地运用此法，促使客户尽快签单，销售人员需要仔细揣摩客户心理，对症下药，以求一击必中。

欲擒故纵，让客户急于下单

在销售中，欲擒故纵是一种非常有效的销售手段，因为人的天性就是这样，越难得到的东西就越觉得它珍贵。因此，销售人员应该适时运用欲擒故纵的方法，吊吊客户的胃口。

欲擒故纵，"擒"是目的，"纵"是手段。怎样运用这"纵"的手段呢？当你向客户介绍完产品后，客户表现出对产品有兴趣，但却优柔寡断，

第九章　成交才是硬道理，该出手时就出手

迟迟不做决定。这时，你不妨故意收拾东西，做出要离开的样子。这种假装告辞的举动，有时会促使对方下定决心。也可对顾客说：这种产品只剩最后一些了，短期内不会再进货，不买就没有了。或者说：今天是优惠价的截止日，请把握良机，明天就没有这种折扣了。

有一天，一个推销员在温斯波罗市兜售一种炊具。他敲响了公园巡逻员安徒先生家的门，安徒的妻子开门请推销员进去。安徒太太说："我的先生和隔壁的史密斯先生正在后院，不过，我和史密斯太太愿意看看你的炊具。"推销员说："请你们的丈夫也到屋子里来吧！我保证，他们也会喜欢我对产品的介绍。"于是，两位太太"硬逼"着她们的丈夫也进来了。推销员做了一次极其认真的烹调表演。他用他所要推销的那一套炊具，用文火不加水煮苹果，然后又用安徒太太家的炊具煮。这给两对夫妇留下深刻的印象。但是男人们显然装出一副毫无兴趣的样子。

一般的推销员，看到两位主妇有买的意思，一定会趁热打铁，鼓动她们买，如果那样做还真不一定能推销出去，因为越是容易得到的东西，人们往往觉得它没有什么珍贵的，而得不到的才是好东西。聪明的推销员深知人们的心理，他决定用"欲擒故纵"的推销术。他洗净炊具，包装起来，放回到样品盒里，然后对两对夫妇说："嗯，多谢你们让我做了这次表演。我很希望能够在今天向你们提供炊具，但今天我只带了样品，你们将来再买它吧。"说着，推销员起身准备离去。这时两位丈夫立刻对那套炊具表现出了极大的兴趣，他们都站了起来，想要知道什么时候能买得到。

安徒先生说："请问，现在能向你购买吗？我现在确实有点喜欢那套炊具了。"

史密斯先生也说道："是啊，你现在能提供货品吗？"

推销员真诚地说:"两位先生,实在抱歉,我今天确实只带了样品,而且什么时候发货,我也无法知道确切的日期。不过请你们放心,等能发货时,我一定把你们的要求放在心里。"安徒先生坚持说:"哟,也许你会把我们忘了,谁知道啊?"

这时,推销员感到时机已到,就自然而然地提到了订货事宜。

于是,推销员说:"噢,也许……为保险起见,你们最好还是付订金买一套吧。一旦公司能发货就给你们送来。这可能要等待一个月,甚至可能要等两个月。"

人们总是对那些急于得到而不能到手的东西抱有很大的兴趣,聪明的推销员懂得利用"欲擒故纵"的方法,吊足顾客的胃口,促成交易。但要注意,用来吊顾客胃口的方式应该与推销活动密切相关,这样才会出奇制胜。先让客户尝到甜头,等客户割舍不下时,再转入实际推销,这才是所谓的"欲擒故纵"的销售之术。

有一年,在贵阳举办的中国国际名酒节上,一家经贸公司与贵州一家酒厂谈判,该酒厂就成功地运用了"欲擒故纵"的方法。该经贸公司欲订购白酒10吨,但贵州酒厂如林,名酒如云,各家酒厂竞争相当激烈,究竟订哪家的,委实举棋难定。

在与经贸公司洽谈时,对这么一宗大生意,该酒厂代表掩藏起内心的兴奋,平静而又抱歉地说:"对不起,我们今年的货早已订完了。已开始订明年的,如果你们需要,我们设法给你们安排明年早一些的。"听了这一席话,经贸公司代表当然大出意外:"是吗?前天你们还在大拉客户呢。"酒厂代表随即摆出一副赤诚的样子:"商场如战场嘛,你们是聪明人,怎会不懂那是我们的一种策略。众所周知,我们的酒是根本用不着拉客户的;更何况过了一天,情况还会不变?这不,今天一清

第九章 成交才是硬道理，该出手时就出手

早，广东一家公司才将今年的最后一批10吨全部订完。你们可以去问问他们嘛！"此话一说果真有效，经贸公司代表有些急了："是的，听说你们的酒好，我们才慕名而来。我们来一趟也不容易，能不能通融一下，先挪给我们一些？"

酒厂代表故作为难状。

该经贸公司代表更加着急，好话说了一大堆。酒厂代表这才以关怀、同情的口吻说道："既然你们要与我们长期合作，考虑到我们的长远利益，我们可以给其他客户做做工作，每家匀出一点儿，给你们凑足10吨吧。"

经贸公司代表大喜，酒厂代表更是大喜。

"欲擒故纵"其实就是一种心理战术，只要你抓住了客户的心理，那么你也就抓住了商品销售的机会。在上述案例中，酒厂代表巧妙地利用了酒好、订单已满、看似真诚的巧妙言语等吸引了经贸公司代表的注意力，从而做成了生意。

事实证明，"欲擒故纵"是一种有效促进销售的策略。在实际销售中，经过周密思考和精雕细琢的巧妙语言，往往更有可信度。要想让这种策略真正发挥出它的作用，就需要把握好以下两个步骤：

1. 合情合理。销售人员在组织语言的时候，一定要尽量显得合情合理，符合当时、当地、当事人的实际情况，不能差距过大。

2. 态度诚恳。"欲擒故纵"是一种有效的推销方法，但在使用这种方法时，一定要表现得诚恳，这样顾客才会信任你。虽然销售过程中最重要的表达形式是言语，但同时，销售人员的情感、神态、动作、语调等也起着非常重要的作用。客户对你的巧妙言语的接受程度，取决于对你的表达方式的感知与理解。你态度越诚恳，表达越明晰、越确切、越执着、越有诱惑力，客户的感知与理解就越强，因此，要千方百计调动客户的情感，使他对你建立

起足够的信任，没有任何怀疑的余地。还要让客户明白：如果不相信你所说的，那么，便会给他带来麻烦；只有相信你所说的，他才能获得利益。最终他只能做出"相信你所说的"这唯一选择。

利用从众心理，促使客户做出购买决定

社会心理学研究表明，"从众"是一种比较普遍的社会心理行为和现象，也就是人们常说的"人云亦云""随波逐流"。大家都这么认为，我也就这么认为，大家都这么做，我也就跟着这么做——从众心理在消费过程中是十分常见的。例如当某商店门口排了一条长队，路过的人也容易随之加入排队的行列。从众心理在这里即表现为：既然有那么多的人在排队，就一定有利可图，不能错失良机。如此一来，排队的人会络绎不绝，队伍越来越长，而在这条队伍中，多数人可能并没有明确的购买动机，只是在相互影响，即顾客宁愿相信其他顾客，也不愿相信自己，更不愿相信销售人员。

一些成功的销售人员在争取客户的订单时，往往就喜欢利用这种技巧促使客户下决心签单。比如，销售人员说："小姐，这是今年最流行的时装，和您年龄相仿的人都喜欢。"或者说："这种热水器很畅销，您看这是一些用户订单，有东北的、华北的、西北的，有城镇的、也有乡村的。"这就是利用了顾客的从众心理，在顾客心里排起了一条长长的队伍，使那滚滚的购买人流激荡在顾客的心里，让其觉得只有随大溜，赶快购买才是唯一正确的选择。

第九章　成交才是硬道理，该出手时就出手

销售人员："是刘总啊，您好，您好！"

客户："小汪啊，我上回看中的那辆尼桑，还没有谁付了订金吧？"

销售人员："哦，那辆车，客户来了都要看上几眼，好车嘛。但一般人哪买得起，这不，它还等着刘总您呢。"

客户："我确实中意这辆车，你看价格上能否再优惠些，或者我是否有必要换一辆价位低一点的？"（小汪知道，换车只是刘总讨价还价的潜台词）

销售人员："价格是高了一点，但物有所值，它确实不同一般，刘总您可是做大生意的人，配得上！开上它，多做成两笔生意，不就成了嘛。"

客户："你们做销售的呀，嘴上都跟抹了蜜似的。"

销售人员："刘总，您可是把我们夸得太离谱了呀。哦，对了，刘总，××贸易公司的林总您认识吗？半年前他也在这儿买了一辆一模一样的车，你们真是英雄所见略同呀。"

客户："哦，林总，这谁不知道啊，只是我这样的小辈还无缘和他打上交道。他买的真是这种车？"

销售人员："是真的。林总挑的是黑色的，刘总您看要哪种颜色的？"

客户："就上回那辆红色的吧，看上去很有活力，我下午去提车。"

这个案例中的汽车推销员小汪，就是利用了客户的从众心理成功销售了一辆价格不菲的汽车。

客户在购买一种新产品，或者是自己不了解的产品时，往往心存疑虑，

害怕买错了产品，或者怕被销售人员骗了。此时，无论销售人员怎么介绍和解释，都很难获得他们的信任。而一旦他们听说有人使用过这种产品，而且效果不错的话，他们就会改变对产品的看法。

　　小王是某电脑病毒防火墙公司的销售经理。公司今年分配的销售额比去年有大幅增加，小王感到压力非常大。去年，小王在政府部门中了几个标，今年，政府部门的单子应该问题不大，但是，要完成任务，还必须开拓新的市场。对此，小王决定开拓教育行业的市场。

　　不久，小王从一个代理商那里得知某知名高校准备进行网络升级和改造，病毒防火墙就是其中的一项。小王认为打入教育行业市场的机会到来了，便直接去找代理商老李。

　　但是，了解到具体情况后，小王才发现事情并没有那么简单。老李说，这个用户对产品的质量和性能要求都十分高，而且目前已经有几家国外知名病毒防火墙厂商介入了这个单子，竞争十分激烈。小王虽然对自己公司的产品十分有信心，但是考虑到公司产品在教育行业的市场上还没有多少成功的案例，在竞争中很难取得用户的信任。

　　果然，在与用户方的负责人面谈时，用户方就对小王公司产品在教育行业市场上成功的案例太少提出了质疑。无论小王如何努力争取，用户方就是不信任其产品。

　　为了此事，小王想了很久，也没有找出说服用户的办法。正在他苦恼时，某位使用该公司软件的客户给小王打来电话反馈使用信息。小王见客户的反馈情况良好，便灵机一动，想出了一个办法。小王请示老总后，便将公司的软件送给A大学试用。

　　开始，A大学婉言谢绝试用。但是，经过一番公关和其他一些老客户的介绍后，A大学最终同意了试用该公司的产品。过了不久，一些学校的电脑系统感染了震荡波病毒，而A大学的电脑却安然无恙。实践证

第九章 成交才是硬道理，该出手时就出手

明，该公司的电脑软件在服务和产品质量方面都是非常可靠的。A大学决定一次性购买一大批该公司的软件。小王由此获得了一张价值不菲的大订单。

由于小王给A大学提供了优质的服务，公司产品表现出色，A大学的相关负责人不仅非常信任该公司，而且还在一次教育行业的信息化交流会上作为使用者向其他学校大力推荐该公司的产品。通过A大学推荐，小王又获得了许多订单。

客户的购买行为常常会受到周围人的影响，推销员如果能把握好客户的从众心理，就能大大提高推销的成功率。在销售过程中，从众成交法可以减轻顾客对风险的担心，尤其是新顾客，大家都买了，我也买，可以增强其购买信心。销售人员在利用客户的从众心理时，也要注意几个问题，以保证取得良好的效果。

1. 用实物证明。销售人员在向客户做介绍时，最好在推销现场向客户出示实物证明，如合同文本、用户感谢信等，以提高客户对产品的信赖和购买兴趣，增强客户的交易信心。

2. 所列举的人物等要与产品有关。运用从众成交法促成交易时，销售人员所列举的人物、事迹、经验必须与推销的产品有密切的关系。

3. 尽量列举知名人物或权威人士。销售人员向客户列举的人物不能任意虚构，而应为公众所熟悉，最好为客户所崇拜，倘若推销工作没有通过名人、明星、专家等人物做说服宣传，那么，客户的从众心理就会降低。

4. 运用重要客户的影响力。销售人员可以寻找具有影响力的重要客户，把推销重点放在说服重要客户上，在取得重要客户合作的基础上，影响、带动和号召其他客户购买。

5. 讲究职业道德。运用从众成交法时，要讲究职业道德，不能拉帮结伙欺骗顾客，否则操作人员会因此而信誉扫地，令顾客避而远之。

总之，在销售过程中，销售人员只要善于巧妙运用从众成交法，往往能够促成客户下定决心签单，并源源不断地为自己争取到订单。因此，这种技巧很值得广大销售人员学习和借鉴。

"登门槛"效应：循序渐进，得寸进尺

在人们进行消费的时候，不可避免地会受到"登门槛"效应的影响。例如，你正走在繁华的街道上，两边有很多服装店，你并没有要买衣服的打算，但是突然有家店的售货员对你说进来看一下吧，你就会想："看一下又无大碍，反正也没有别的事情。"于是你接受了对方"并无大碍"的要求，抬脚迈进了那家服装店，这时，热情的售货员又说："喜欢就试一下吧，不买也没关系。"于是你就会想："既然不买也没关系，那就不妨试一下吧。"又一次"并无大碍"的小要求被你接受了，当你试穿以后，售货员忙不失时机地说："买一件吧，穿在您身上多合适呀！"你感觉这衣服穿在身上虽然不是非常好看，但也的确不难看，再加上售货员热情周到的服务，你便不好意思拒绝了。由此可见，循序渐进是攻破人的心理防线行之有效的方法。

心理学家告诉我们，"登门槛"效应之所以存在，是因为从心理学上讲，人们的每个行动都有其最初目标。多数情况下，由于人们的动机很复杂，因此人们总会面临各种不同目标的比较、权衡和选择，在相同的情况下，那些简单容易的目标往往较容易被人们所接受。也就是说，当别人提出

第九章 成交才是硬道理，该出手时就出手

一个看起来有些"微不足道"的要求时，人们往往容易在心理上予以接受，有时甚至出于"无大碍，近人情"的考虑，而不好意思断然拒绝。一旦这个"微不足道"的要求被接受后，就好比一只脚已经跨入了门槛。

通常情况下，人们还会有这种思想：一只脚都进去了，又何必在乎整个身子都进去呢？因此说，一旦人们跨入这种心理上的门槛，就不会轻易做出抽身后退的举动。再加上由于后来的更大的要求同之前的小要求有了继承关系，使得人们已逐渐适应这种有承接关系的要求，从而使人们的心理放松了戒备，也就降低了可能出现的对抗心理。

这时，人们便忽视了对方逐渐提高的要求已经大大偏离了自己的初衷。另外，每一个人都希望给别人留下一个前后一致的好印象，不希望别人把自己看成反复无常的人，因而在接受了别人的第一个小要求之后，再面对第二个更大的要求时，如果这种要求给自己造成的影响并不大，往往会有一种"反正都已经帮了，再帮一次又何妨"的心理，于是"登门槛"效应就发生了作用。

当一个销售人员敲开门，跟客户进行交谈时，可以说已取得了一个小小的成功。在这种情况下，如果他能够说服客户买一件小东西，那么他就又取得了进一步的小成功。然后，如果他再提出进一步的要求，销售价格更高一些的东西，也比较容易被满足。这是因为客户之前答应了一个要求，为了前后保持一致，对后面的要求也比较难拒绝。

一位顾客选定了一条价值20美元的领带，正当他掏出信用卡准备付钱的时候，那位售货员问道："您打算用什么样的西服来配这条领带？"

"我想，我穿我那件藏青色的西服应该很合适吧？"顾客回答说。

"先生，我这儿有两条漂亮的领带，配您的藏青色西服应该很合适。"说完，他就抽出了两条标价为25美元的领带。

"是的,正如您所说,它们确实很漂亮。"顾客点了点头,把这两条领带也放入了购物袋。

"再看看与这两条领带相配的衬衣怎么样?"

"我想买一件蓝色条纹衬衣,但是我刚才在哪里都没有找到。"

"那是因为您还没有找对地方,您穿多大的衬衣?"

还没有等顾客反应过来,售货员已经拿出了几件蓝色条纹衬衣,单价为60美元:"先生,您感受一下这种质地,难道不是很棒吗?"

"是的,我想买一件衬衣。就这个中号的吧!请问您能不能给我一张名片?下次我需要的时候,会再来找您的。"

就这样,售货员把一条20美元的领带的生意扩展到了130美元的交易。顾客在购买过程中,提出过什么异议吗?没有,而是心满意足地离开了,临走时还要了一张名片。

可见"登门槛"效应的作用有多大。人一旦接受了别人的小要求,就比较容易接受随后提出的大要求。所以销售人员要一步一步引导客户走向设计好的销售方案,让客户在引导中签下大合同。如果客户对成交犹豫不决,销售人员可在小问题或局部问题上先征得客户同意,然后再提出全面成交的要求。

第九章 成交才是硬道理，该出手时就出手

假设成交法：假设可以成交就真的可以成交

假定成交法是指在同顾客的销售会谈进行到一定程度的时候，可以采用积极假设法，假定顾客的购买将成事实，销售人员不失时机地向顾客提出一些实质性问题，从而尽快地与顾客达成交易的一种方法。

这种方法的立足点是假定"顾客会买"，一般是在销售人员介绍完产品的特点，并解答顾客的疑问之后，顾客一再表示出购买信号，只是拿不定主意而迟迟下不了决心时，销售人员就可以自己的信心去感染顾客，不失时机地向顾客提出一些实质性的问题，帮助其下定购买决心。

假设一位客户想买冰箱，你就问他："您是喜欢白色的还是灰色的？"如果你是一位汽车销售人员，你可以问客户："在选用设备中，您比较喜欢空调还是音响呢？"或是"您觉得我们是今天下午还是明天早上送货到您家比较好呢？"在问题中提供两种方案让客户任意选择。

美国一个叫沃尔格林的糖果店的采购部经理以大折扣买下了80箱鸡蛋。这似乎是一个非常冒险的举动。店老板听到这个消息后说："这项交易虽然很合算，但我们是糖果店，如何将这80箱鸡蛋销售出去呢？"

糖果店请来了销售顾问，商讨如何解决这80箱鸡蛋的销售问题。销售顾问与冷饮部经理讨论后，策划了一个行动方案：无论何时，只要顾客来到冷饮部买冰激凌，销售人员就从柜台下拿出三个鸡蛋，右手两

个,左手一个,同时直视着顾客问道:"请问您想要加一个鸡蛋还是两个鸡蛋?"

该方案实施后,居然无人对加鸡蛋表示异议,而且冰激凌加鸡蛋后味道还不错。在这里问"加一个还是两个鸡蛋",比问"要不要加鸡蛋"更有销售力度。方案实施的结果是大多数的冰激凌加了一个鸡蛋,近20%的冰激凌加了两个鸡蛋售出。加两个鸡蛋的冰激凌的价格增加了10美分,加一个鸡蛋的增加了5美分。80箱鸡蛋在10天内就售完了,并实现了可观的利润。

这就是假设成交法。向顾客提出带有导向性的问题,提出这类问题也是由于已揣摩到顾客已经做出了购买决定,但尚未明确表示出来。这时你可以问:"您什么时候需要这种产品?"或"您需要多少?"或"您现在是否就想把产品带走?"这些都是促使顾客做出购买决定的恰当的言辞。

心理学上有个名词叫作"沉锚"效应:在人们做决策时,思维往往会被得到的第一信息所左右,第一信息会像沉入海底的锚一样,把你的思维固定在某处。对顾客提出"加还是不加鸡蛋"或者"加一个还是加两个"的问题,这第一信息的不同,引导顾客做出的决策就不同。聪明的销售人员常用这种方法达到自己的销售目的。

"王先生,如果您要买的话,您愿出多少钱?"

"我顶多拿70块钱,多一点儿我也不想要。不过我现在还没决定买。"

"嗯,我知道。要是您需要我公司的产品,在这三种样品中,您对哪种最感兴趣?我没有强迫您买的意思,只是问问而已。"

"我看这种不错,外形美观大方又功能齐全,把另外两种的优点全包括了。而且,价钱又不是很吓人。"

第九章 成交才是硬道理，该出手时就出手

"我就知道您肯定会选这种，它是我公司的最新产品，曾获得尤里卡发明大奖，在国内可是第一流的！"

"是吗？看起来确实名不虚传。"

"您如果要买的话，您会买多少呢？您是批发单位，想必不会少于5000台吧！"

"哎哟，可别把我吓死。我们那么一个小批发单位，怎么会要5000台。不过，我想2000台还是可以考虑的。"

"那您觉得什么时候送货合适？"

"哦，我还没想那么多呢。好像这一个月不会再进货。"

"没关系，我跟公司先联系一下，给老板先打个电话。（打电话）我们老板说了，2000台绝对没问题，而且有四种规格，任您挑选！"

"哦，那我就放心了。"

结果交易成功。

上面就是一个成功的假设成交法案例。使用假设成交法要求销售人员保持积极的态度，在进行销售说明时要做好充分的准备，坚信你的产品正是顾客所需要的，顾客购买你的产品就是因为你的产品能够满足他的需求，那么你和顾客之间达成交易已经是必然的了。只要你的销售说明很生动，没有强迫顾客购买你的产品，给顾客以充分的时间去检查产品、收集资料和了解有关情况，让顾客的决策过程在自然舒适的环境下进行，你就能与顾客达成交易。当你可以确定顾客必然要购买你的产品时，再这样去询问顾客："需要我们帮您送过去吗？""请问您是付现金呢，还是签支票？"这样做可以让对方觉得对于你的产品，他确实有很深的了解，购买的决定也是由他独自做出的。如果顾客不想购买你的产品，他也会直截了当地告诉你。

销售人员在使用假设成交法时，应尽量使销售谈话在融洽的环境下进行，如果顾客对你的产品兴趣不高，或仍有担心的话，千万不要采取强迫式

的促成交易的方法，否则容易失去顾客。

一般采用假设成交法有三种情况：

1. 语言假设同意成交。你说："先生，到目前为止我们讨论的是一项双方都得利的方案。"顾客答："是的，的确如此。"你可以马上建议："既然如此，我们明天就准备送货上门。"

2. 行动假设同意成交。顾客说："是呀，我认为贵公司的产品定价还是比较合理的。" 你不用再进行语言解释，而是从包中取出笔和协议书，示意顾客在订货协议上签字。

3. 言行混合假设同意成交。顾客表示："你的产品质量过关，定价也公平合理。"你就拿出随身携带的订货合同说："您只要现在就签字，我们保证优先发货。"

需注意的是，假设成交法主要适用于决策能力低、依赖心理强和被动求购的一类顾客，不适用于自我意识强或没有明显购买意向的顾客。因此，应用时要看准顾客类型和成交信号，表情要自然大方，话语温和、委婉、亲切。切忌自作主张和咄咄逼人，避免产生强加于人的高压气氛。

第十章
报价议价,让客户心甘情愿达成交易

第十章 报价议价，让客户心甘情愿达成交易

开出高位价格，给谈判预留空间

在销售谈判中，如果客户让你开价，你不妨开出一个较高的价位，从而给下面的谈判预留空间，并因此为后面的谈判定下不错的基调。当然，为了让对方知道你是有诚意的，你所开的价码，也不能高得离谱。

一位工会代表应造酒厂的工人要求就增加工资一事向厂方提出了一份书面要求。一周后，厂方约他去谈判新的劳资合同。

令他惊奇的是，一上来厂方代表就向他详细介绍了销售和成本情况，还花了很长时间来谈下一年度的财务前景。如此反常的开头，叫他有些反应不过来。为了争取时间考虑对策，他便拿起桌上摆着的谈判材料看了起来。最上面的一份是他的书面要求。

一看之下他这才恍然大悟。原来是他的助手在打字时出了差错，把要求增加工资12%打成了21%（而他的期望值本是打算以增加工资7%来了结的），难怪厂方要小题大做了。他心里有了底，一言不发地静观厂方代表在做了有关工厂经营现状发言后将提出什么建议。果不其然，厂方代表建议增加工资12%。双方谈判下来最后以增加工资15%达成协议，比工会代表的期望值多了8个百分点，这时他明白原来的要求太低了。

向客户开的价一定要高于你实际想要的价。美国政治家亨利·基辛格曾经说过："谈判桌上的结果取决于你的要求夸大了多少。"你只有敢于提要求，客户才会觉得你的产品货真价实。只要不是太离谱，你的开价一定要高于实价。开价高于实价会让你在销售谈判有进退的余地，买卖双方有了博弈的空间，双赢才成为可能。

在谈判中开价要高于实价，至少有以下几大好处：

1．给你留下了一定的谈判空间。在销售谈判中，一旦你出价了，降价是情理之中的事，但如果你想再提价，几乎是不太可能发生的奇迹，除非有特别充分的理由。而站在客户的角度，他是希望自己能以更低的价位买到你的产品的。

所以如果你提出的价格超过你的预期售价，那就意味着这里面具有了某些伸缩性。这样一来，客户就可以与你就价格进行谈判。而如果你的开价是说一不二的，并且在态度上坚持"要买就买，不买走人"，那销售谈判甚至无法开始。客户的态度可能是"那我们没什么好谈的了"。

2．你也许是可以以这个价格成交的。销售的过程中情况是复杂而多变的，在某种情况下，只要能言之成理，即使是看似对方难以接受的开价有时也能有望成交。你不知道哪天可能就会出现这种奇迹。或许你努力争取后就可以顺利拿下合同，得到你所想要的。

3．让产品看起来具有更高的外在价值。以阿司匹林为例，人人都知道阿司匹林就是阿司匹林，名牌的和你在连锁店里买的普通品牌没有什么不同。但是如果你告诉客户，名牌的卖3元，普通品牌的卖1元，你选择哪个？很多客户都会选价格低的。如果你告诉客户，名牌的今天只卖1．5元，客户可能就犹豫不决了。因为客户知道两种阿司匹林相同，但现在仅差0.5元，这似乎是笔好交易，因为客户在潜意识里能接受好的产品配得上更高的价格。如果大的药品公司可以给人一种他们的阿司匹林更好的感觉，那么你也能给人一种你的产品更好的感觉，而最直接的方法是给出更高的价格。

4．让客户获得心理上的满足感。客户在购买商品时通过种种途径探知了

第十章 报价议价，让客户心甘情愿达成交易

较为合理的价位，通过谈判得以砍掉部分水分以合理的价位成交的话，他在心理层面上就会有获利的心理满足感。但如果你一下子就给了客户最优惠的价格，客户就没有什么要和你谈的了，也不会有较大的成就感。

没有经验的销售人员往往会一开始就给出最优惠的价格，想早点成交。比如一个销售人员这样对他的经理说："今天我带着这份协议出去，我知道竞争很激烈，他们正在全城招标。咱们大打折扣吧，不然我们就更难得到订单了。"对于那些销售谈判高手来说，他们知道要价高的价值，这是创造一种让客户和自己双赢的局面的良好途径。虽然有些客户会觉察到商家的要价有些高，但是他们并不以为然，一些聪明的客户清楚最初的要价有点高是太正常不过的事。在销售谈判中，最常见的结果是，双方经商议得到一个折中的结果，这样的结果，是预留了空间从而让客户和自己都满意的最好的结果。

由此看来，高于实价的开价的确好处明显。在某种情况下，只要言之成理，即使是较高的开价也会有望成功。销售谈判中，销售人员要果敢地提出适当的开价，为销售谈判开始时的立场找到言之成理的理由，以达到良好的销售效果。

价格谈判不可过早让步

在价格谈判中，有一条很重要又很简单的原则是：不要单方面过早地做出让步，否则你会在下面的谈判中陷入被动。世界上没有白给的东西，也绝对没有无理由的让步，否则情况会变得非常棘手。

单方面让步之所以会坏事,并不在于所做出让步的大小,关键在于它削弱了你的谈判地位。可以试想下,如果你的产品和服务没有任何问题,为何要做无条件的让步?是不是你心中有鬼,却不好公开?当你面对客户做单方面无条件让步时,他们就会这样去想,不信任感增强,对你的产品或服务的价值判断也会因此而降低,让你在谈判中陷入被动。

几天前,一家电子公司的销售人员拜访了一位客户,客户对他们公司的产品很感兴趣。这天,这位销售人员第二次拜访这位客户,继续与其讨论价格问题。在经过一番寒暄之后,双方开始正式谈话。

销售人员:"您觉得还有什么问题吗?"

客户:"我觉得你们的产品价格还是偏高,如果你能再降些价格,我们可能会认真考虑一下……"

销售人员:"那这样吧,每件产品我再降40元,这个价格已经很低了,不能再降了。"

客户:"这个价格还是有点高啊,能再降一些吗?"

销售人员:"等我再算一下……每件产品最多再降10元,再降就不行了……"

客户:"不能再降了吗?"

销售人员:"对,不能再降了。这已经是最低价了。"

客户:"我想价格还是能再降一些的吧……"

销售人员:"真的不能再降了,这个价格已经很低了!"

客户:"那我们再考虑一下吧。"

适当地让步有助于缓和紧张的谈话氛围,然而让步也需要讲究方法。如果销售人员让步过早,或者每次的让步幅度过大,不能正确把握让步的尺度,不给自己留退路,就很可能陷入两难的境地,从而给接下来的销售工作

第十章 报价议价，让客户心甘情愿达成交易

带来负面影响。针对以上的情景，销售人员可以这样做：

销售人员："您觉得还有什么问题吗？"

客户："我觉得你们的产品价格还是偏高，如果你能再降些价格，我们可能会认真考虑一下……"

销售人员："我想对于我们产品的质量您是十分清楚的，我们公司的电子配件之所以这样受欢迎，完全取决于良好的质量和信誉。如果您购买我们公司的产品，是绝对不用担心质量问题的，而且我们的售后服务非常到位，相对于此，我们的价格应该还是比较合理的。"

客户："你们的产品质量的确不错，不过我还是觉得贵了点。如果能再优惠一些我会考虑的。"

销售人员："这样，每件电子配件我们再降10元，这个价格已经很低了，不能再降了。"

客户："这个价格还是有点高啊，能再降一些吗？"

销售人员："这样，我们电子配件单价的降价范围是不能超过20元的，说实话，对于那些合作多年的老客户，我们也始终没有超过这个范围。如果您真的想要我们公司的产品，我就给您个特惠价，每件电子配件我们给您降20元。就全当您是我们的老客户了。您看怎么样？"

客户："哦，那好。就这样吧。"

通常在销售谈判中，采取适当的让步在所难免。但是这种让步必须是有计划、有步骤的，因为你需要通过让步来传递某种信息，并以此来换取客户的让步，这样可以知道你做出的让步在客户心目中的价值。所以，未经计划的让步是不可取的。

在谈判前，一定要考虑好让步的幅度与层次。对方大幅度的让步，可以换取你较大幅度的让步，对方小幅度的让步，也只能换取你较小幅度的让

步。让步的过程要做到循序渐进，不能一次性让到底。让步的幅度应该是先大后小，越到后来越难。比如，你在第一轮谈判中降价5%，在第二轮谈判中你的让步幅度一定不能高于2%，你不可能第二次降价5%甚至更高，这只能让客户觉得你没有合作诚意，从而对你失去信任。那种无条件、无休止的让步，不但不能感动客户，反而会让客户得寸进尺。

缺乏经验的销售人员总会过早地做出让步的倾向，其结果非常糟糕。过早的让步，会使你失去在下一阶段与对手讨价还价的本钱，并使自己的产品或服务在客户心目中的价值大打折扣。若你真的要做出让步的话，就必须确保你让步的方式能够准确地传递你本来希望表达的信息。同时要尽可能多地掌握对客户来说有价值的资料，以便让你的让步得到应有的补偿。

多谈产品价值，少谈产品价格

在销售过程中，销售人员不可避免地会与客户发生关于价格问题的争议，而客户则会挖空心思地找出产品的不足之处，以此来杀价。

很多客户经常会不厌其烦地讨价还价，即使你把产品的价格报得已经很低了，但他仍然不满意，仍然希望你再降低一些。所以，针对这种情况，虽说有很多的办法，但最好的解决办法就是，把价格的异议转移到对产品价值的认同上来，以此来淡化客户对价格的敏感度。

曾经有这样一个案例，说的是一个销售人员向顾客推荐牙膏，顾客

第十章 报价议价，让客户心甘情愿达成交易

问他多少钱，销售人员心直口快，同时也缺乏经验，他告诉对方牙膏30块一支，顾客立刻觉得太贵了，后来不管那个销售人员再怎么解释，都无济于事。

可以说，价格争议通常会是客户异议的核心问题，客户可能会提出很多其他异议，但事实上都是围绕着价格问题而进行的。当客户成交的愿望越强烈时，他们就越会尽自己最大的努力去争取更低的产品价格。因此，销售人员是没有必要过分苦恼的。当一位客户一再强调价格问题时，就充分说明他心里的购买欲望已经相当强烈了。这时，销售人员无须再做客户的思想工作，而是让他相信产品的价格是符合其价值的。同时，销售人员也没有必要旁征博引，仅是围绕产品的一些特性来谈就可以了。如果你能做到这一点，说服客户成交就不是难事了。

价格永远不是销售的决定因素，一定要记住这句话，否则任何形式的销售都无从谈起，因为无论你的产品价格多么低，你都会发现还有比你价格更低的。所以，如果在销售活动中陷入价格异议的泥沼，那么你距离失败也就不远了。

为了不陷入"价格战"，一个很好的办法就是不要急着谈价格，而是要从谈价格转化为谈价值，把客户的注意力从产品价格转移到产品价值上来。

下面我们来看一下销售人员老王是如何引导客户多关注产品的价值，从而将产品成功卖出去的。

顾客："请问你这里有没有风格时尚一点的橱柜？"

老王："有啊，欢迎您！请跟我来，这边就是。"

客户反复看一款橱柜。

老王："先生，我帮您打开上下柜看看。这里顺便问一句，您比较看重产品的功能还是款式？"

顾客:"我觉得都很重要。"

老王:"根据您的要求这一款比较适合。您看,这款橱柜最大的特点在于其设计比较时尚大气,同时处处独具匠心,比如您看那三个抽屉的设计……此外它的功能性也很强,由于设计巧妙,比一般的橱柜储物量多了20%……"

顾客:"那它要多少钱呢?"

老王:"先生,我想请教一下,您之所以购买橱柜主要是想解决什么问题呢?是不是搬了新家想换新家具?还是原来的橱柜不实用,太旧了?"

顾客:"我搬了新家,所以看看有没有更时尚一点的橱柜。"

老王:"哦!这样啊!那么请教一下,您说的时尚是指哪几个方面?"

顾客:"设计要新颖,但要保证功能。"

老王:"那这一款还是不错的,名师设计,空间利用率很高。这个橱柜还有一个最大的好处就是可以灵活选配,如果您的厨房够大,需要放很多东西的话,可以加宽。您觉得多宽比较好?"

顾客:"像这么大应该差不多了。"

老王:"您再看看下面,分为多层,第一层……不但功能多,而且非常美观,对了,您家里装修是什么风格的?"

顾客:"属于欧式风格,暖色调为主。"

老王:"这种颜色和风格最适合了。您以前听说我们的××品牌吗?"

顾客:"听过一两次,你们是不是在什么电视上打过广告啊?"

老王:"是啊!您真细心啊!我们这边还有一份资料,您可以看看。"

顾客:"这橱柜多少钱啊?"

第十章 报价议价，让客户心甘情愿达成交易

老王："上柜是……下柜是……台面是……总共是……"
顾客："这么便宜啊，我还以为这么好的橱柜会很贵呢。"

在这个案例中，老王的成功之处就在于，当客户询问价格时他并没有直接回答，而是采取了忽略法，先向客户介绍橱柜的价值，强化对产品的介绍。老王的做法很正确，这款橱柜价格比较贵，而客户一开始就关心价格，说明他对价格还是挺敏感的，所以在客户对产品还缺乏深入了解的情况下贸然报价只会导致提前进入价格谈判阶段，这时跟客户谈价格会陷入一种比较被动的局面。如果让客户先认识到产品的诸多优点，激起客户的购买欲望，然后再报价，虽然价格高一点，客户也会觉得物有所值，能够接受。

销售人员在向顾客介绍产品的时候，一定要注意避免过早提出或讨论价格，要先让客户了解产品价值，等顾客对产品的价值有了起码的认识后，再与其讨论价格。顾客对产品的购买欲望越强烈，他对价格问题的考虑就越少。因此，要深谙自己的产品价值，要对产品价值进行研究和发掘，把这种价值展现在顾客面前，印入顾客心中，然后再谈价钱。这样，你就可能完成看似不可能之事。

如果遇到顾客紧盯不放，非要先问价格该怎么办呢？这个时候我们就可以采用模糊回答的方法来转移顾客的注意力。比如说当顾客问及价格时，你可以说："不同的产品价格不同，这取决于您选择哪种型号，要看您有什么特殊要求。"或者告诉顾客："产品的价位从几百到上千的都有，就看您喜欢哪一种产品了。"销售人员即使不得不马上答复顾客的询价，也应该建设性地补充："在考虑价格时，您还要考虑这种产品的质量和使用寿命。"在做出答复后，销售人员应继续进行促销，不要让顾客停留在对价格的思考上，而是要转移到产品的价值这个问题上去。

总之，价格是销售的最后一关，客户的支付能力与支付意愿之间总是存

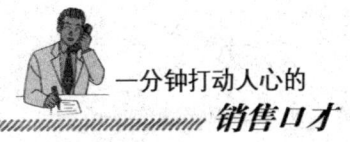

在差异，购买意愿没有形成之前，谈价格是没有意义的。没有购买欲望，就没有谈价格的必要。所以，一定不要和顾客陷入价格的拉锯战之中，因为在顾客的心中多低的价格都是贵的。

拒绝客户不合理的价格要求

为自己争取最大的利益，这是顾客在选购产品时坚持的原则。因此，顾客在准备付款购买之前往往喜欢讨价还价，甚至在争取打折和赠品上得寸进尺。销售人员没有必要直截了当地拒绝或者表现出负面情绪，因为这样做不但会令顾客不满而失掉到手的生意，而且还会影响企业和品牌的声誉。对此，销售人员应学会积极地拒绝顾客。所谓积极拒绝，一方面要给顾客面子，另一方面要引导顾客朝着成交的方向前进。

例如，当客户要求打折时，销售人员可以这样说："先生，我明白您的意思。目前家电卖场的竞争确实比较激烈，很多品牌为了争夺市场份额，往往以打折来吸引消费者的眼球。但是，您也应该看到，打折幅度较大的商品往往都是那些定价过高、利润比较丰厚的高端产品。而像我们这样品质过硬、价格实惠的产品，打折幅度就会比较小。所以一直以来我们品牌都坚持以质取胜、合理定价，希望能以实实在在的定价对每一个顾客负责，保证每个顾客在任何时候都可以放心选购我们的产品。"（首先告诉顾客，不同公司采取的不同折扣只是一种市场策略，然后向顾客说明自己公司价格策略的优点，并顺势引导顾客回答今天来店里的目的，转移问题的焦点）

第十章 报价议价，让客户心甘情愿达成交易

当客户提出要额外的赠品时，销售人员可以这样说："真不好意思，我们的赠品都是在商品正常价格的基础上额外提供给顾客的。赠品确实没有办法抵换折扣，这一点真的要请您谅解。其实最重要的还是这个产品真的很适合您，您看……（提及产品的卖点和好处）并且，我们送的赠品也很丰富，许多赠品都很实在，比如……"（有礼貌地拒绝顾客不适当的要求并争取顾客理解，然后侧重从赠品与产品两个方面向顾客介绍优点与收益）

面对客户提出的不合理的价格或要求，优秀的销售人员不仅能够及时识破客户开出不合理价格的心理，而且他们还会以充分的理由彻底改变客户的初衷，达到销售目的。他们常用这样一些应对方法：

1. 突出产品的独特性。要向客户突出产品的独特之处，并且强调这些优势是竞争对手所没有的，是不可替代的。要让客户感到如果不在你这里买，对他来说将是一个极大的损失，迫使他自己主动让步，接受产品的价格。这就需要销售人员动一番脑筋，提供个性化服务，让客户觉得你的产品或服务是独一无二的。

比如，你可以这样对客户说："刘先生，我知道您觉得多付150元不值得，我知道您很担心，但您要知道，我们厂生产的西服，工艺和面料都是非常讲究的，它的设计风格更是独一无二，是其他厂家的产品所不能比的。所以，对于这么好的产品，您却开出了如此低的价格，这是我们所不能接受的。"

2. 让客户明白你在尽力为他们打算。当客户听到自己的要求遭到销售人员的拒绝时，或者是很长时间也不见销售人员下结论，一些客户就会觉得销售人员只是想多赚钱才不会降价，从而对销售人员有一些意见，甚至索性放弃了购买，使销售局面陷入难以挽回的情境中。其实，这通常是由于销售人员使用了一些错误的交流方式，比如很多销售人员并没有给出任何理由就斩钉截铁地告诉客户不能降价，这样莫名其妙的定论是很容易让客户产生反感情绪的，使他们感觉你并没有为他们考虑。所以，在向客户做解释时，销

售人员应该从客户的角度出发,让客户感觉你的确是想为他们降价,但是由于各种原因无法实现,这样客户就不会责怪你了,反而觉得你是一个事事为他们考虑的销售人员,从而不再因为价格问题过于难为你了。

3．强调产品能够给客户带来的好处。销售时要把着眼点放在产品的使用价值上,你可以从产品能为客户节省费用、增加收益等方面入手,提示产品给客户带来的收益有多大,这也是打动客户的有效方式,让客户在衡量利弊得失后,觉得自己给出的价格确实不太合理。要做到这一点,你就要清楚地知道你的产品能为客户带来什么好处,并事先塑造好你的产品优势。

比如:"是的,我知道这份建议书意味着你得增加一大笔广告预算。但是,它会大幅度提高产品的销量,产生更高的利润,一句话,它会为你带来更多的收益。"

又如:"投资5万元,购买我们的设备和原料,产品的市场销售没有问题,按照每月的产量和产品单价计算,您实际上三个月就可以完全收回投资。"

4．变相优惠。被人拒绝总是让人感到不快的,即便你拒绝得非常委婉,但在事实上客户并没有达到自己的目的,心中肯定会感觉不痛快。这时,你大可在能力所及的范围内,给予客户适当的优惠条件,让获得优惠的喜悦冲淡客户心中因为被拒绝而产生的不快。

5．转移客户的注意力。如果你觉得自己真的没有能力来满足客户的条件,此时最好就不要在这个问题上过多地与客户纠缠下去了。如果试着转移客户的注意力,让他注意到产品的一些优点的话,效果就会好得多。并且,说不定当客户认识到产品的优点后就不在乎价格高低了。

6．巧用暗示。你可以通过暗示的方式,委婉地告诉客户,他所提的条件是无论如何都不可能达到的。比如,你可以对讨价还价的客户说:"我想,如果我们能够采用一些劣质原料,大幅度降低成本的话,应该能以您开出的价格卖给您。可是,这样一来,恐怕您就不会买了,因为谁都希望买到称心

第十章 报价议价，让客户心甘情愿达成交易

如意、货真价实的东西。"

要知道拒绝并不是一把冷冰冰的刀子，更不是疾风骤雨式的打击人的手段，只要善于采取和风细雨、潜移默化的拒绝方式，就能避免客户因你的拒绝而产生反感。在整个销售过程中进行价格谈判，拒绝对方不合理的条件是必须留意的，拒绝的艺术是销售人员在和客户谈判时必备的一种谈话技巧。

化解价格异议，申明"一分价钱一分货"

眼看即将成交，但是客户对价格还是有些异议，这个时候与客户的交谈非常重要，如果言谈不得体，可能会让即将成功的交易泡汤。如果能摸透客户的心思，可能很快就能促成交易。

"你觉得多少钱合适？"这很显然是销售人员自己主动进入讨价还价阶段，让客户掌握主动，自己处于被动地位。

"这真的不算贵，还有更贵的呢！"这样的话无疑是暗示客户见识少，这么点钱就觉得贵，有点瞧不起客户的意思，会伤害客户的自尊心。

"好东西的价格肯定高啊。"这是反驳客户的说法，这样的说法很不可取，会让客户觉得没面子。

如果经过观察判断，觉得客户购买的可能性很大，但是在价格上他还想得到些优惠，那么这个时候一定要有耐心，稳住自己，分析一下客户的心理。

已经看出客户有购买的欲望了，但还是说贵的话，最大的可能是他说

贵只是借口，想以此要求销售人员给予降价或获得其他利益。这个时候销售人员就需要掌握一定的沟通技巧，需要让客户明白"一分价钱一分货"的道理。

客户："我是××防疫站陈科长，你们是××公司吗？我找一下你们的销售人员。"

电话销售："哦，您好！请问您有什么事？"

客户："我想咨询一下你们软件的报价，我们想上一套检验软件。"

电话销售："我们的报价是9.88万元。"

客户："这么贵！有没有搞错。我们是防疫站，可不是什么有名的企业。"（态度非常高傲）

电话销售："我们的报价是基于以下两种情况：首先从我们的产品质量上考虑，我们历时5年开发了这套软件，并且与全国多家用户单位合作，对用户的意见和建议进行整理，并融入我们的软件完善工作中。所以我们软件的通用性、实用性、稳定性都有保障。另外，我们的检验软件能给出检验记录，这在全国同行中也是首例，这也是我们引以为傲的。请您放心。"

客户："这也太贵了！你看人家成都的才卖5万元。"

电话销售："陈科长，您说到成都的软件，我给您列举一下我们的软件与成都软件的优缺点。咱们先说成都的，他们软件的功能模块很全，有检验、体检、管理、收费、领导查询等，但他们软件的宗旨是将软件做得全而不深。而我们的宗旨是将软件做到既广又深。就检验这一块来说，他们的软件要求录入大量的数据和需要人工计算，实现的功能只是打印；而再看我们的，我们只需要输入少量的原始数据即可，计算和出检验记录全部由计算机完成，这样既方便又快捷。另外，我们的软

第十章 报价议价，让客户心甘情愿达成交易

件也有领导查询和管理功能。在仪器和文档方面我们的软件也在不断改进，不断升级。"

客户："不行，太贵。"（态度依然强硬）

电话销售："您看，是这样的，您买我们的软件不仅买的是软件的功能，更主要的是软件的售后服务。作为工程类软件，它有许多与通用性软件不同的地方。我们向您承诺，在合同期间我们提供免费升级、免费培训、免费安装、免费调试等服务。您知道，我们做的是全国的市场，员工的差旅费用也是很高的，这我们对您也是免费的。另外，在我们的用户中也有像您这样的客户说我们的软件比较贵，但自从他们用上了我们的软件以后就不再抱怨了，因为满足了他们的要求，甚至超过了他们的期望。我们的目标是：利用优质的产品和高质量的售后服务来平衡顾客对产品价格的顾虑，尽量使我们的客户产生一种用我们的产品产生的价值与为得到这种产品而付出的价格相符的感觉。"

客户："是这样啊！你们能不能再便宜一点啊？"（态度已经有一点缓和）

电话销售："抱歉，陈科长您看，我们的软件质量在这儿摆着，确实不错。10月21号我们参加了在上海举办的上海首届卫生博览会，在会上有很多同行、专家、学者。其中一位检验专家，他对检验、计算机、软件都很在行，他自己历时6年开发了一套软件，并考察了全国的市场，当看到我们的软件介绍和演示以后当场说：'你们的和深圳的软件在同行中是领先的。'这是一位专家对我们软件的真实评价。我们在各种评比展示中也获过很多奖，比如检验质量金奖、检验管理银奖等。"

客户："哦，是这样啊！看来你们的软件真有一定的优点。那你派一个工程师过来看一下我们这儿的情况，我们准备上你们的系统。"（已经妥协了）

至此，经过以上几轮谈判，产品的高价格已被客户接受，销售人员

的目标已经实现了。

销售人员善于解决客户提出的价格异议，才能快速成交。想要卖出价格高、质量好的产品，销售人员就要想办法让客户明白"一分价钱一分货"的道理，要传递给客户这样的信息，这么好的商品才卖这个价格已经很实惠了，然后强调商品的优点及能够带给客户的收益，让客户强烈地意识到你的产品物有所值。

第十一章
电话打出去,订单飞进来

第十一章　电话打出去，订单飞进来

一线万金，电话沟通拿订单

电话是成本最低的与客户联系的渠道，所以销售业务员常常利用电话与客户联系。优秀销售人员仅凭小小的一部电话，便可以足不出户打遍天下，赢得销售利润。

让我们看某销售人员小林是如何通过电话进行销售工作的：

像往常一样，小林早早地到了公司，准备好自己的"吃饭家伙"——笔、白纸、笔记本、对方资料、产品简介和客户联络电话，然后接上一杯白开水，喝上一口润润喉咙。（做好前期准备工作）

看看时间快10点了，小林对着镜子微笑一下，拿起电话，拨号。

"你好！××公司！"对方传来职业的女声。（从中可以马上判断出对方为前台文员，得先想办法过这一关）

"你好！我是A公司小林！麻烦您帮我转下工程部！"小林非常客气地说道。（这句话一定要说得理直气壮，千万不能躲躲闪闪感觉不自信）

"你是哪里？找谁？我们没有工程部！"对方突然抬高声音，不客气地回复。（电话销售到处都是，前台这样的态度是可以理解的，有时他们一天要接几十通无聊的电话，所以，一定要短时间内取得对方的信任，得到确切的拜访人信息）

"哦！那么请问贵公司空调设备方面的采购一般是哪个部门负责

的？"（超出对方预料之外的回答，及时改变对话策略）

"我们这没有采购部，也没有工程部，只有物业部。"没等小林回答，对方挂断了电话。

到这里，这通电话算是失败了。或许很多人会选择放弃这个客户。然而，小林却从中了解到了机会：前台很难通过，证明竞争少；前台告诉了一个重要信息，他们公司有物业部。

小林按了重拨键。"你好！××公司！"还是那位女前台。

"帮我转下物业部！谢谢！"小林用方言简短地说道。（因为两分钟前刚打过电话进去，预防被前台发现而挂断电话，所以选择换用方言，另外非常自信的简短的要求，反而容易消除对方的警惕心）

听到了转机的声音，对着镜子扮个鬼脸，小林知道第一关通过了。

"喂！"传来一个轻快的中年男性的声音。小林心里高兴，看来今天运气不错。

"你好！我找张经理！"（随便说的人物，因为小林一无所知）

"嗯？我们这没有什么张经理！你打错了吧？"对方很奇怪地回答道。

"啊！不会啊，说的就是公司的物业部张经理啊？你们这是公司物业部吗？"小林开始装糊涂。

"没错！我们这只有个陈主任。"小林打心底感谢这位先生。（第二关过了，即使到这被挂了电话，下次还是有机会）

"哦！不会是我朋友搞错了名字了吧？这个糊涂蛋！先生，要不我就找陈主任。麻烦帮我转一下，谢谢！"（找个小借口免除尴尬，顺带转入正题）

"哦，等等，我喊一下！"然后小林就听见对方在房间里大吼："老陈有人找！"小林想，看来这位陈主任蛮平易近人的。

听见脚步声越来越近，调节好呼吸，微笑。（整个通话过程中保持良好的心情和状态）

第十一章 电话打出去，订单飞进来

"喂！哪里？"听筒里传来和蔼的男中音，年龄应该是40多50不到的样子。

"陈主任您好！（停顿一下）我是A公司小林。今天冒昧打搅您是有件事想请教您。"（因为有了前期的铺垫，这个开场白非常简短）

"嗯？什么事啊？你怎么知道我的？"

"哦，刚才的先生介绍说您人很好，正好我要找您请教下关于空调节能的事情。我想了解下你们公司的空调是中央空调吗？"

"哦！老刘人也不错哈！我们是中央空调，怎么了？"（能听出对方的心情不错）

"太好了！我们公司正好刚从日本引进一项针对中央空调的节能方案，想请教下陈主任，贵公司每月空调电费支出是否超过10万？"（善用"请教"这个词）

"有超过啊。什么节能方案？怎么说？"那头的陈主任一头雾水。

"是这样的。我们公司在寻找一些用电量特别大又信用好的企业，免费提供节能产品，我们这款产品技术相当成熟，目前在上海已经有十几家著名企事业单位在使用我们的产品，比如说上影厂、联华超市集团、肯德基等。所以，今天想请教下陈主任，看看贵公司是否达到我们赠送的要求。"（婉转地道出公司的实力和电话拜访的目的，提起对方兴趣）

"哦？免费？什么要求？"

"嗯，用电量方面您已经达到要求了，还有就是每年空调使用时间是否有超过6个月？另外贵公司的信用方面我已经了解到了，还是非常满意的，好多贵公司的客户都很称赞贵公司呢。"（人总是对难得的东西更有得到的欲望，激发欲望，适当赞美）

"那个是的！我们老板可不是什么一般的人。我们一年开大概6个月吧。你这免费不会真的免费吧？一定是噱头！"陈主任在电话那头笑着说。（客户有怀疑都是很正常的，得做好心理准备）

"哈哈！陈主任，真的是免费的，我们可不是随便哪家公司都送的。不然我也不会这么谨慎地来请教您啦。这样的，陈主任，贵公司的基本要求都比较符合，我马上和我们老总请示一下。下午我过来就具体赠送方式和您确认下，您看下午两点还是三点比较方便？"（解决客户问题，及时收尾，促成约见）

"哦，那两点吧，晚点我可能要出去。"

"嗯，好的，那下午两点我到您办公室找您！到时见！"

"好！"

"那先不打搅陈主任了！非常感谢您和我聊了这么久！那下午见，再见！"

"嗯，再见！"

等对方挂上了电话，小林也挂上了电话。

这通电话，真正涉及的产品内容并不多，大概就两到三句话而已，却成功的约见了客户，大家从中可以借鉴到很多电话销售的技巧。

利用电话进行销售，是与客户建立良好关系的捷径，它不会带来直接的利润，但却能提高销售的成功率。因此作为一个销售人员，千万不要轻视电话销售的作用。

你想足不出户就得到客户的热情约见吗？你想避免贸然拜访客户而遭遇"闭门羹"的尴尬吗？那么，请你拿起身边的电话，给你的客户打一个电话，用你高超的口才技巧征服他，只要你的客户答应了你的约见，你就迈出了可喜的一步。

第十一章　电话打出去，订单飞进来

跳过障碍，直接与目标客户通话

电话销售过程中，销售人员面临的一个难题是如何跳过接待人员找到目标客户。你当然不希望在找到他们之前，电话被接线员或对方的秘书挡下。所以，学会如何在短时间内突破接线员与秘书的挡驾也是一个重要的环节。

保险推销员周女士正在打电话给一位客户，这位客户是××公司的行政部总监，周女士想要和这位客户商议为公司员工上保险的事情。当周女士通过一些渠道获得客户的公司电话之后，就开始打电话给这位客户。电话很快就有人接听了，而且听得出来接听周女士电话的是一位非常专业的接线员："喂，您好！这里是××公司，请问您是哪里？"

听到接线员的回答，周女士回答说："您好，我想找你们公司负责行政工作的王总，麻烦您转接一下。"

接线员紧接着说："对不起，我们公司负责行政工作的有两位，他们都姓王，请问您具体要找哪一位？"

周女士说："是这样的，我只找主抓行政工作的王总，您把他的联系方式告诉我，我有很重要的事情需要直接与他联系。"

"实在对不起，您能先告诉我您是哪里吗？您找他有什么事？"接线员显然对周女士的电话充满了戒备。不过周女士可是一位经验十分丰富的销售人员，她知道在面对这样的情况时自己应该如何应对，于是，周女士说道："您可真是尽心尽责，怪不得王总那么信任您。不过我找王总确实有非常重要的事情，而且这件事情还很急，希望您能马上帮我

转到王总那里,或者告诉我王总的手机号码!"为了进一步衬托自己所说事情的重要性,周女士说这些话的时候加重了说话的力度。

听到周女士这样说,接线员以为周女士与王总有过业务上的往来,而且还害怕因为自己而耽误了王总的事情,于是她对周女士说:"不好意思,王总现在不在办公室,要不您记一下他的手机号码吧。"听到接线员如此说,周女士迅速拿过早已准备好的纸和笔说:"您说吧,我听着呢!"

听接线员说完王总的手机号码之后,周女士又说:"不好意思,我想问一下另外一位王总的电话是多少,因为这件事情确实很急,我怕万一打手机找不到王总的话,我还可以找另一位王总商议。另外,顺便问一下,明天上午九十点钟的时候王总在公司吗?他的办公室在几层……"

接线员又一一回答了周女士提出的问题,然后周女士又对接线人员说:"耽误您这么长时间真是很不好意思,十分感谢您的帮助。最近几天我一定会登门拜谢的,对了,忘了请教您贵姓?"

"那咱们改天再联系!"周女士热情地说完这些之后才挂上了电话,她已经从这位接线人员这里获得了自己想要得到的很多消息,接下来的工作就是自己与王总之间进行沟通了。

上例中的接线员显然是一位具有较强电话过滤能力的人,不过周女士并没有被其阻挡在销售的大门之外。相反,周女士通过巧妙的方式给接线员以一定的压力,使得接线员不得不把目标客户的联系方式及行踪告诉自己。另外,周女士又通过礼貌的道歉与感谢的话赢得了接线人员的好感,拉近了彼此间的距离,这将为周女士今后与目标客户之间的有效沟通奠定非常良好的基础。

在电话销售的沟通过程中,销售人员一般很难顺利地与潜在客户见面,因为往往还有接线员、秘书之类的障碍横立在中间。因此,要想顺利地与目标客户进行沟通,你就必须先绕过这些障碍。那么,销售人员究竟该如何顺利突破这些障碍呢?

1. 直接称呼目标客户的名字。在做准备工作的时候就要确定目标客户的名字。若对方问我们是谁,就说是客户的朋友或者熟,这样的机会比较大些。

> 销售人员:您好,老李在吗?
> 接待员:您好,您找哪位?
> 销售人员:这不是李峰的座机吗?
> 接待员:对不起。这是我们的总机,您要找我们公司的李总吗?
> 销售人员:是的。刚才电话掉线了,可能他手机没有电了。
> 接待员:好的。稍等。(转接电话中)

2. 善用诱导法。在绕过障碍时,有些销售人员不懂得诱导接线人员。比如他们会说:"请问采购部的电话您知不知道?"或者问:"我可不可以找一下你们的经理?"能不能用这样的语气问呢?不能。因为没有引导性。

销售人员要养成一个习惯,不要用这种问法。应该说:"您知道供应科的电话吧?您说,我记一下。"引导他默认"是",然后告诉你。

"麻烦您,请您叫一下经理好吗?谢谢您。"引导他默认"好",然后帮你叫人。

再对比下面的两句话:"这个星期再吸收5个会员行不行?"与"这个星期再吸收5个会员有没有信心?"很明显,后一种问法更能诱导出肯定的回答。

所以销售人员在选择话语时,要学会把接线人向你所希望的方向引导。也就是说,只有给接线人员一个很便利的回答方式,你才能得到你想要的肯定的回答。

销售人员不要去诱导接线人员说"不行""不可以""没有时间""不可能"。如果你拿起电话对接线人员说:"供应科的电话您可能不知道吧?"他肯定会说:"嗯,不知道。"那你还怎么绕过障碍?

3. 善用迂回法。如果你在接线人员那里不能得到目标客户的姓名,你可以转而求其次,即争取得到秘书或者助理或者办公室主任这些人的姓名,然后再往目标客户办公室转。

比如可以这样说:"你好,张秘书吗?我是×××,以前我们没见过面,但我早就认识你了,于总在吗?我找他有点事。"

发掘出平时容易被忽略的人和事,会给接线人员强烈的印象,特别是秘书听惯了来访者忽略了自己的姓名而直接要求转给上级领导,这时,一旦你称呼了他的姓名,就会使之感受到一种新鲜、亲切的气氛,防范意识也就瞬间降低了。

4. 巧妙地"回电话"。"刚才我的手机接到了一个电话,可能是你们总经理打给我的,能帮我转一下吗?"也许你的手机从来没有接到过这个电话,但你说了这句话,秘书就可能会认为是自己老总打出去的,所以就给你转进去了。这个方法特别巧妙,用这种方法打给许多企业老总的秘书,他们一般都防不胜防。因为他们的确无法判断你讲的这句话是真是假,为了以防万一,还是转进去为好。

开场白是成功的敲门砖

开场白是电话销售人员与客户通上话以后在前30秒钟所讲的话,或者说是所讲的第一句话。电话销售人员的开场白可以让客户获得关于自己的第一

第十一章 电话打出去，订单飞进来

印象，也决定着销售是否能顺利进行，并最终把产品卖给客户，所以开场白对销售人员来说至关重要。

  销售人员："张经理吗？"
  客户："对，我是。"
  销售人员："我可以跟您谈一下产品宣传的事吗？"
  客户："你哪里？"
  销售人员："哦，张经理，我是北京××广告公司的李明。我们公司能提供各种产品的广告宣传服务，也了解本地区各种产品的分配渠道，我们还有跨国广告业务的经验，对于你们这类生产高质量产品的公司来说，我们的广告创意一定会使你们有一个满意的回报。"
  客户："嗯。"
  销售人员："我们可以约个时间拜访您一下吗？我们可以针对你们的产品，提出最经济而有效的广告方案。"
  客户："算了吧。"（挂断电话）

  上例中客户的态度是不是很不给销售人员面子？其实面子不是客户给的，而是销售人员自己挣的。总的来说，上例中销售人员的开场白和那些形式化的文章一样，看不出什么好也看不出什么坏。这样的开场白要使客户对你产生兴趣，那可就太难了。要知道，每天客户都会受到不止一个推销电话的打扰。所以，这种程式化的、没有一点创意和新鲜感、没有一点幽默感的推销电话，大都会遭到客户的拒绝。

  电话营销的开场白一定要简洁、清晰、亲切，要说明你的身份及你的目的，并引导对方顺着你的思路接下去，要多问封闭式的问题，少问或不问开放式的问题。开场白要达到的主要目标就是吸引对方的注意，引起他的兴趣，使他乐于与你在电话中继续交流。

  可以吸引客户的常用的开场白方式很多，下面介绍几种：

1. 真诚的赞美。每个人都喜欢听到好听话，客户也不例外。因此，赞美就成为接近顾客的好方法。

赞美顾客必须要找出别人可能忽略的特点，而让顾客知道你的话是真诚的。赞美的话若不真诚，就成为拍马屁，这样效果当然不会好。

例如，你可以说："林经理，我听华美服装厂的张总说，跟您做生意最痛快不过了。他夸赞您是一位热心爽快的人。"

"恭喜您啊，李总，我刚在报纸上看到您的消息，祝贺您当选十大杰出企业家。"

2. 由道歉开始。当电话销售人员承诺客户在什么时间和客户联系，但由于种种原因没有在约定时间给客户打电话时，再联系时的开场白将会变得非常重要。

这时电话销售人员可以使用如下的开场白：

电话销售人员：您好，王总，今天打电话给您想告诉您三个字。

客户：哪三个字？

电话销售人员："对不起"这三个字。

客户：为什么？

电话销售人员：是这样的，王总，我昨天答应下午两点钟和您联系的，但由于我当时有点事，所以没有给您电话，因此今天一定要向您说声"对不起"。

客户：哦！没事！

3. 巧用第三方介绍。通过第三方这个"桥梁"的过渡，双方之间更容易打开话题。因为有"朋友介绍"这种关系之后，无形中就会解除客户的不安全感和警惕性，可以比较容易地与客户建立信任关系。

电话销售人员：您好，是李经理吗？

客户：是的。

电话销售人员：我是××的朋友，我叫××，是他介绍我认识您的，前几天我们刚通了一次电话，在电话中他说您是一个非常和蔼可亲的人，他一直非常敬佩您的才能。在打电话给您之前，他叮嘱我务必要向您问好。

客户：客气了。

电话销售人员：实际上我和××既是朋友关系又是客户关系，一年前他使用了我们的产品之后，公司业绩提升了20%，在验证效果之后他第一个想到的就是您，所以他让我今天务必给您打电话。

4．向顾客提供信息。电话销售人员向顾客提供一些对顾客有帮助的信息，如市场行情、新技术、新产品等，较容易引起顾客的注意。这就要求电话销售人员能站到顾客的立场上，为顾客着想，掌握市场动态，把自己训练成为自己这一行业的专家。顾客或许对电话销售人员应付了事，可是对专家则是非常尊重。如你顾客户说："我在某某刊物上看到一项新的技术发明，觉得对贵厂很有用。"对方就会很有兴趣跟你谈下去。

掌握电话销售的沟通技巧

电话是人们生活中必不可少的一种沟通工具，而电话销售有许多讲究，因此，优秀的销售人员掌握好电话销售的技巧显得尤为重要。

曹力："您好，是实力润滑油有限公司吗？你们的网站好像反应很慢，谁是网络管理员，请帮我接一下电话。"

前台:"我们网站很慢吗?好像速度还可以呀。"

曹力:"你们使用的是内部局域网吗?"

前台:"是呀!"

曹力:"所以,肯定会比在外面访问要快,但是,我们现在要等5分钟,第一页还没有完全显示出来,你们有网管吗?"

前台:"您等一下,我给您转过去。"

曹力:"您等一下,请问网管怎么称呼?"

前台:"有两个呢,我也不知道谁在,一个是小吴,一个是刘芳。我给你转过去吧。"

曹力:"谢谢!"(等待)

刘芳:"您好!您找谁?"

曹力:"我是长城服务器客户顾问,我刚才访问你们的网站,想了解一下有关润滑油的情况,都10分钟了,怎么网页还没有显示全呢?您是?"

刘芳:"我是刘芳,不会吧?我这里看还可以呀!"

曹力:"你们使用的是内部局域网吗?如果是,你是无法发现这个问题的,如果拨号上网的话,你就可以发现了。"

刘芳:"您怎么称呼?您是要购买我们的润滑油吗?"

曹力:"我是长城服务器客户顾问,我叫曹力,曹操的曹,力量的力。我平时也在用你们的润滑油,今天想看一下网站的一些产品技术指标,结果发现你们的网站怎么这么慢。是不是有病毒了?"

刘芳:"不会呀!我们有防毒软件的。"

曹力:"那就是带宽不够,不然不应该这么慢的。以前有过同样的情况发生吗?"

刘芳:"好像没有,不过我是新来的,主要负责的网管是小吴,他今天不在。"

曹力:"没有关系,你们网站是托管在哪里的?"

第十一章 电话打出去，订单飞进来

刘芳："好像是西城电脑网络中心。"

曹力："哦，用的是什么服务器？"

刘芳："我也不知道。"

曹力："没有关系，我在这里登录看似乎是服务器响应越来越慢了，有可能是该升级服务器了。不过，没有关系，小吴何时来？"

刘芳："他明天才来呢，不过我们上周的确讨论过要更换服务器了，因为公司考虑利用网络来管理全国1300多个经销商了！"

曹力："太好了，我看，我还是过来一次吧，也有机会了解一下我用的润滑油的情况，另外，咱们也可以聊聊有关网络服务器的事情。"

刘芳："你明天就过来吧，小吴肯定来。"

曹力："好，说好了，明天见！"

成功地给客户打电话需要掌握一定的技巧。很多人对电话销售很反感，不是对这种销售模式本身反感，而是对拨打电话的人反感。同一个公司的员工进行电话销售，不同的销售人员拨出电话可能有截然不同的效果，销售人员的能力起着举足轻重的作用。电话销售人员要掌握娴熟的技巧，才能让客户接受你，接受你的产品。

1. 明确目的。电话销售人员必须明白每一个电话想要达到的效果或目的。

2. 明确对象。所打的每个电话的对象，应是通过市场细分的目标客户群体（属于一定的行业、领域），并能够准确无误地将资讯传达给客户。了解客户的真实需求，判断他是即刻需求型还是培养需求型。

3. 注意用语。使用标准的专业文明用语。例如："您好！我是××公司的小张，有一个非常好的资讯要传递给您，现在与您通话方便吗？谢谢您能接听我的电话……"等。

4. 传递信任。要面带微笑，使用训练有素的语音、语速和语调，这样可以在通话过程中传达给客户一种信任感，从而增加客户在电话交流时的愉悦

感,使他乐意与你沟通下去。

5. 高效沟通。具有良好的语言沟通能力。让沟通能力变成有效的能量,需要经过学习、组合,运用各方面的能力进行互补,其中最重要的能力是倾听能力。良好的倾听能够帮助你准确地了解客户的真实需求。

6. 巧找缘由。电话缘由有许多,比如可以假设已和某某人联系过,是对方要求今天这个时候再联系的;或者以免费试用产品或服务的说辞来吸引对方等。需要注意的是,在电话缘由上不要花太长的时间。

7. 提问开头。在开场白部分要注重提问,而不是介绍。可以以对健康的关注、促销和赠送、存在的问题作为切入点进行提问,这样会使对方感觉到问题的重要性,然后他才会继续听下去。那么,此时你已不再是个销售人员,而是以企业市场推广顾问的身份在与他交流。接下去你将提出一个解决该问题的建议,而不是推销某一个产品。

8. 利益为先。产品介绍环节的关键是要介绍产品能给客户带来的利益。另外,在介绍产品时要注意,如果对方对产品不是非常熟悉,一定要尽量使用通俗的语言来讲,不要用太多的专业术语,这样会给双方沟通造成障碍。如果对方对产品比较熟悉,应该适当地运用一些专业术语,以显示专业水准。

9. 答疑解惑。客户听罢信息介绍,往往不会立即决定购买,而要提出一些不同意见来确认一下他们所关心的问题或消除他们的疑虑。因此,正确地解答疑问和处理异议就成为销售的关键。客户提出疑问或分歧是正常现象,销售人员此时不必强行推介,也不应该消极处理,而应自始至终都以积极的态度对待。

销售人员应沉着应对消费者的异议,临阵不乱,采用各种方式(如巧妙的提问)了解消费者产生异议的真正原因或产生疑惑的根源,找准突破口,对症下药。

10. 封闭提问。在提出进一步的约定时,应该提出封闭式的问题,避免客户拒绝。

第十一章 电话打出去，订单飞进来

应对客户电话抱怨的沟通技巧

一提到电话抱怨，大多数销售人员都会惊慌失措，不知如何应对，因为不但要忍受客户的满腹埋怨甚至破口大骂，而且稍不小心就会得罪客户，还会遭到主管领导的怪罪。那么，该如何安抚客户的心呢？

一个成熟的电话销售人员，应能立即做出技巧性的反应，诚恳地听完对方的叙述，以累积应对的经验。

1. 消除对方的疑虑。当抱怨电话打进来的时候，你应该诚挚地对待每一位打进电话的人，即使对方的火气再大，抱怨再多，你也应该和颜悦色地接受人家的抱怨，这体现了一个电话业务员的专业素质。要注意的一点是，你不要急躁，应该言语清晰地与之交谈，你需要亲切地称呼对方的名字，这有助于增强你的亲和力，同时也表明你是一个专业人士，给对方一种找对人的感觉。最重要的是你要学会体谅对方的感受，如果每一个抱怨电话你都能感同身受的话，在处理抱怨电话方面，你就会增加一些有益的经验了。

你需要牢记的是，不要与对方争辩，更不应该言辞激烈，甚至说出一些带有攻击性的话。你也许可以赢得一场争论，但同时你也失去了一位客户。

2. 通过提问弄清原因。为了有效地处理抱怨电话，从而让客户感到满意，你首先必须清楚地了解客户产生抱怨的根源。有些客户在电话里洋洋洒洒地发了一大堆牢骚，却始终无法讲清楚事情的缘由。在这种情况下，你需要直截了当地提出问题以找到抱怨的根源，并且留出足够的时间让对方说出他的情况。对对方的要求要给予积极的答复。不要让对方觉得你很急躁并且疲惫不堪，这会让对方觉得你没有诚意，并且加重对公司的坏印象。

3. 寻求解决的方案。一般情况下，如果客户反映的问题在自己的职权范围内能够解决，那么就立刻为客户解决；如果在自身的职权范围内无法解决问题，则应该往上反映，直至问题得到妥善解决。

你可以首先提出一个临时方案，接着说明这个计划对对方的好处。你需要注意的是，在提出这个建议的时候，你的措辞最好直截了当，这会给人一种真诚为对方打算的印象。

需要注意的是，你不要引用先例，更不可以给打电话的人施加压力，并且想方设法提出用其他的东西代替对方所提的要求。不要要求对方从你的角度看问题，为客户解决疑难问题是所有销售人员的职责所在。

4. 给对方留下深刻的印象。让你的职业精神和你本人的魅力给对方留下深刻的印象，从而可以保住而不是失去这位客户。在电话结束之前，向对方核实一下细节，告诉他下一步会怎样，如果以后再遇到这种情况应该怎么做。最后，重复一下你自己的名字以加深对方的印象，并告诉对方以后如何跟你联系。

抱怨电话在商务活动中是不可避免的。一旦接到客户的抱怨电话，销售人员就应该设法安抚客户，寻找抱怨产生的根源，并尽快做出妥善处理，只有这样，才能够消除客户的不满，挽回客户对本公司的信任。